保存版

こんなイタリアン知らなかった！

# イタリア郷土料理　美味紀行

平松　玲 ｜ 講談社

JN047283

# はじめに

　1995年も残りわずかな頃、私は花の都フィレンツェに半年ほど暮らす予定で不安と期待で胸いっぱいにイタリア行きの機内にいた。

　私は当時、すでに食品や料理の写真撮影を生業にしていたが、デジタル技術が写真に導入されはじめ、アシスタント修行で身につけた多くの撮影技術が必要なくなったことをなかなか受け入れられないで、進退きわまっていた。

　そこで憧れの国へ行けば答えが見つかるかもしれない！　と思いつき、イタリアへ行ってみることにした。それが18年にわたるイタリア生活のスタートのきっかけとなったのである。

　食通の父を持ち、その腹を満たすために母は上質の食材を仕込んで料理を作り続け、それが昂じて料理研究家の端くれになった。だから、生家の冷蔵庫はいつも食材であふれ、料理のおけいこがある日は、その恩恵にあずかる子供時代を送った。

　初めて出版したグルメエッセイの帯に「食いしん坊カメラマン」と書かれたゆえんは一日にして成らず、なのである。そんな私が食の国、イタリアへ行ったのだからイタリア料理のとりこにならないわけがない。フィレンツェの中央市場へ足しげく通ううち、デジタル写真の悩みはどこかへ吹き飛んでしまっていた。

　そして、今考えると運命の分かれ道になったのがシチリア島との出会いだ。友人に誘われて出かけたシチリア島の一週間は、地中海の身の締まった鮮魚の素晴らしさに目を見張り、滋味あふれる野菜に頬を緩ませ、それらを材料とした島料理の豊かさに胸を躍らせる日々の連続であった。

　また、島の料理の背景には数々の占領国の足跡が色濃く残っていることを知り、イタリア郷土料理の奥深い世界へのめり込んでいくことになった。米どころとして知られる北イタリア、ピエモンテ州では波打つリゾットが食されているが、シチリア島も古くからライスコロッケが名物だ。

　さて、米はどうして大きく距離が離れた北と南の地域にいち早くもたらされたのだろうか。そういうことを考えると調べずにいられない。

　イタリア中のどの州へ行っても郷土料理と歴史は切っても切り離せない
ことを知り、私の探究心は大きくくすぐられた。

　そして、食いしん坊が身を助くとは思ってもみなかったが、そんな私の
ところへ料理写真の撮影のみならず、執筆の依頼がくるようになっていた。

　イタリア料理のレシピを読むだけでは済まず、郷土料理の成り立ちが分
かる書籍や食事典などを頭をかかえながら読んだ。

　また、イタリアの歴史はもとより文化一般をきちんと把握するためにも
イタリア語のスキルアップが必要となった。

　ローマの語学学校の最高レベルでは足りなくて、夏休みを利用してペルー
ジャ外国人大学の夏季講習へ通い、それでも満足できなくてついに大学へ
籍を置くことにした。そこで学んだことは白紙でイタリアへ渡った私に大
きな成果をもたらした。

　本書を書くにあたり、イタリア語の食文化を紐解く専門書を読み、食に
まつわる歴史やエピソード、また伝説を読み知ることができるようになっ
たのだから。

　また、18年もイタリアで暮らすうち、知らず知らずのうちにイタリア料理の知識や事情がすりこまれ、私には当たり前のことになってしまっていた。しかし、帰国して7年が過ぎ、ネットなどにも掲載されていない、どんな話題が日本の読者に喜んで頂けるか多少なりとも分かったので、新たにイタリアの文献を網羅して最新事情を本書に掲載した。

　イタリアはどこへ行っても地域に根づいた食文化が継承されており、時代に合わせて進化しながら今に至っている。本書を読んでイタリア料理を身近に感じていただき、本場へ足を運んでみたい気持ちになっていただけたら身に余る光栄だ。

　また、撮影に快く協力して下さったイタリアのレストラン店主の皆さん、巻末リスト掲載へご協力いただいたレストランの方々へ改めて感謝の気持ちを表したい。

# Contents

Liguria ———

リグーリア州

コロッセオ

# Lazio
ラッツィオ州

ローマ旧市街の店の調理場にある
古代ローマ時代の柱。

## 食の宝庫ローマ

イタリア半島中部に位置し、州都はローマ。
ローマ市内には世界遺産のヴァチカン市国を擁する。

フォロ・ロマーノ

# 古代ローマの遺跡に囲まれ
# 味わうローマ料理

　イタリアを訪れたらローマを素通りする人は、ほとんどいないのではないだろうか。千年の歴史を刻んだ古代ローマ時代の遺跡は、旧市街の地下にまだまだたくさん眠っているといわれている。リストランテの調理場をのぞいたら、古代ローマの柱がニョキッと突き出ていたので、驚いたことがあった。古代ローマ帝政時代（紀元前27世紀から紀元476年まで）は活

気に満ちた大都市であった。ローマ軍は侵略地で得た食材を国へ持ち帰ったのだが、中には想像もつかないものがあった。世界的に著名な食物史研究家のパトリック・ファースによると、218年に即位したローマ史上最悪の王ともいわれている皇帝エラガバルスは、それら奇妙な食材を使って贅の限りを尽くして宴を開いたようなのだ。

　そのごちそうのレシピには、ラクダの足やフラミンゴ、つぐみの脳味噌など驚くものが名を連ねていた。

　現在のローマでは仔羊の脳味噌のフリットや仔羊のオーブン焼きが食べられているが、郷土料理の成り立ちを知るうち、自然とその土地の歴史や文化を学ぶに至る。

生後25日〜30日の乳飲み仔羊のオーブン焼き。じゃがいもと一緒に焼き上げるのが定番スタイル。

ローマ郊外の町、グロッタフェッラータ（Grottaferrata）の風景。

イタリアの首都、歴史が一番古いローマの郷土料理は大きく3つに分かれる。

「羊飼いや炭焼き職人など山間で働く人が食べていたもの」「食肉処理場に端を発したもの」「ユダヤ料理の影響を受けて生まれたユダヤ風ローマ料理」だ。

## 羊飼いや炭焼き職人の料理が庶民料理に

ローマで羊料理に使われるのは生後25日から30日の乳飲み仔羊、アバッキオ。イタリア語で仔羊は"アニェッロ"と呼ばれるが、仔羊を"アバッキオ"と呼ぶのはローマとその周辺の地域だけだ。

その語源はいくつかあるが、その一つをご紹介したい。仔羊が逃げないように棒に繋いでいたので、ラテン語の「棒に」がいつしか仔羊の呼び名になったというものだ。昨今では、仔羊よりもデリケートな味わいだと、仔山羊を好む人がいるが、日本でも脚光を浴びているラム肉、ローマ風はさらに柔らかい。私も家ごはんのレシピ帳にアバッキオのレシピをしっかり書き留めている。

さて、ラッツィオ州の仔羊料理だが、代表的な料理といえば、肉をシンプルにグリルした「アバッキオ・アッラ・スコッタディート」。

仔羊のグリル、アバッキオ・アッラ・スコッタディート。

アバッキオ・アッラ・カッチャトーラ。仔羊肉を炒め、ローズマリーとにんにく、ペペロンチーノ、アンチョビー、ワインビネガーを混ぜたソースで風味づけしたもの。

　羊飼いが焼き立ての肉を手づかみして"スコッタ・ディート（指をやけどする）"ことがあったので、それが料理名になってしまったようなのだ。

　また、「アバッキオ・アッラ・カッチャトーラ」（アバッキオの猟師風）は白ワインやワインビネガーを調味料に使うのでさっぱりいただける。

　アバッキオの料理は復活祭（イースター、3月もしくは4月）や春のごちそうだったが、その後、年間を通して肉が手に入るようになりローマの家庭料理になった。ある日、復活祭が終わり、車でローマ郊外を走っていたら、仔羊が全く姿を消してしまっていたので、目を丸くしたことを思い出す。

　ローマのあるラッツィオ州の代表的な食材に"グアンチャーレ"がある。

　"グアンチャーレ"は豚の喉と頬の肉に塩と黒こしょうや唐辛子（ペペロンチーノ）をまぶして3ヵ月以上熟成させたものだ。

　牧草を求めて羊の群れを連れ歩く羊飼いが常備していた。グアンチャーレを使うのは主にパスタ料理だ。

グアンチャーレはローマのパスタ料理に欠かせない食肉加工品。見た目はベーコンに似ているが、深みのある味わいは別物。

スパゲッティ・アッラマトリチャーナ。アマトリーチェ村で作られていたが、次第にローマのパスタ料理として町で食べられるようになった。

ローマの北東、リエテ県にある町、アマトリーチェで生まれたといわれるのが、グアンチャーレを使った「スパゲッティ・アッラマトリチャーナ」（アマトリチャーナ風のパスタ）。

ロングパスタのブカティーニやスパゲッティにトマトとグアンチャーレで作った赤いソースを和えたものだ。鮮やかな色合いが食欲をそそる。

にんにくを入れないのが原則だが、玉ねぎのみじん切りを使う派、いやそれは邪道だとあくまでトマトとグアンチャーレだけでソースを作る派。

私にとってはどちらも美味なので軍配があげられない。

アマトリーチェは、1900年初頭までお隣のアブルッツォ州に属していたが、その後ラッツィオ州の町になった。そんな経緯があるので、この町で生まれたパスタ料理はアブルッツォ州の郷土料理だとする本もあるが、ローマの町へ行けば、このパスタ料理をメニューに載せる食堂が多いのでご心配なく。

グアンチャーレを使う代表パスタ料理といえば、カルボナーラ。カルボナーラの起源はいくつかあるが、一番信憑性の高いのがドイツ軍侵略に伴う話だ。

スパゲッティ・アッラ・カルボナーラは、昔は炭焼き職人のごちそうだったが、今や世界中が魅了されるパスタ料理に昇格した。

第二次大戦中のさなか1943年に連合国が上陸してイタリア戦線が始まったが、イタリアが降伏したのでドイツ軍がラッツィオ州にも攻め寄せて来た。そこでローマにいた兵士たちは、山へ逃げ隠れた。

その間に、炭焼き職人が食べていたグアンチャーレと卵をソースにしたパスタ料理のお相伴にあずかり、そのおいしさを町へ戻り広めたと伝わる。

当時のローマのマンマ達は限られた食材に工夫を凝らし、家族の腹を満たしていた。イタリア兵に教えられたパスタ料理は家族にとても喜ばれ、その後ますます町へ広がっていったという。

郷土料理にまつわるこういう話を聞くにつけ、料理と歴史の深い繋がりを考えずにいられない。

ラッツィオ州、そしてローマの料理をなお一層味わい深いものにしているのがカルボナーラに欠かせない羊のチーズ、ペコリーノ・ロマーノ。

このチーズは7月から10月の間、夕方と翌朝の乳を合わせて作られる。直径が30センチぐらいあり、重さは大きいもので、およそ35キログラム。最低5ヵ月の熟成期間を経てようやく食べられるようになる。

だから、このチーズが食卓に上るのは春の頃。

ローマのチーズといえば羊のチーズ、ペコリーノ・ロマーノ。塩分が強く濃厚な味わい。このチーズがなければローマのパスタ料理は成り立たない。

ローマでは5月1日にペコリーノ・ロマーノとまだ柔らかい生の空豆を一緒に食べる習慣がある。このペコリーノ・ロマーノと黒こしょうだけでソースを作ったシンプルなパスタ料理が「カチョ・エ・ペペ」。その名も「チーズとこしょう」（次頁に掲載）。私の最も好きなパスタ料理の一つで、ローマへ行かれたらぜひ味わって頂きたいスパゲッティだ。

材料がシンプルな料理は実はおいしく作るのが難しい。

カチョ・エ・ペペはペコリーノ・ロマーノと黒こしょうだけでパスタソースを作ったシンプルなパスタ料理。しかし、絶品のパスタ間違いなし。

　パスタ料理は基本的にでき上がりをすぐ食べなければ、大袈裟ではなく秒単位でおいしさが損なわれてしまう。粉チーズにしたペコリーノ・ロマーノに黒こしょうを加え、パスタのゆで汁を加えながら泡立て器で攪拌してクリームソースを作るのだが、このチーズは塩味が濃いので、ゆで汁に塩を入れ過ぎていると取り返しがつかない。塩は後で足せるし、このパスタ料理を作る時は、塩を入れないシェフもいる。

　また、パスタはアルデンテにゆでて、ザルにあげずに鍋からソースの入ったボールにすくい入れるのがポイント。こうすると、パスタとからめた時にちょうど良いクリーミーな仕上がりになる。

## クイント・クワルトはリッチなごちそうに

　さて、食肉処理場に端を発したものとはどんな料理なのだろうか。ローマ市街地図のやや左下に位置するのがテスタッチョ地区。旧市街からテヴェレ川を西へ渡ったところにある。

　1800年代の後半、テスタッチョ地区は労働者住宅や工場、またゴミ処理

場の建設が予定されていた。そこで旧市街のポポロ広場近くにあった食肉処理場がテスタッチョに移されたのだ。また、食肉処理場で働く労働者は週末になると賃金の代わりに売り物にならない肉以外の部分を支給されていたのだそうだ。

それは"クイント・クワルト"と呼ばれる部分だった。食肉処理場では牛の肉を前と後ろ合わせて四等分に切り分けていた。しかし、実は四番目（クワルト）の次、五番目（クイント）があったのだ。

それは牛の尾、頭部、鼻また頬や内臓など売り物にならない部分。労働者は週末になるとそれらの一部をもらい、近所の一杯飲み屋へ持って行き、代わりにワインを飲ませてもらっていた。

労働者の持ち込む内臓や牛の尾などを何とかワインの当てにできないかと作り始められたのが、現在もローマに残るクイント・クワルトの料理。

旧食肉処理場の建築物は現在もテスタッチョ地区に残り、その広いスペースは音楽学校や大学の建築学科、また多目的広場に姿を変えた。しかし、クイント・クワルトの料理はローマの名物料理の地位を得て、専門のリストランテの数も増えている。

内臓料理はイタリアの各地で食べられているが、テスタッチョ地区の料理にはどんなものがあるのだろうか。

内臓で主に使われる部位は仔牛、仔羊、仔山羊の小腸、パヤータ。昨今では新鮮な仔羊のパヤータが手に入りにくくなり、仔牛を使うところが多くなった。

また、仔牛、仔羊、仔山羊の心臓、膵臓（すいぞう）、胸腺、喉仏など、書くだけでため息が漏れそうなさまざまな部位の総称、"アニメッレ"。

そして、忘れてならないのが牛胃のトゥリッパ。内臓以外では、牛の尾や頬肉。それらクイント・クワルトは個性豊かな料理へと姿を変えている。

アニメッレの中でメインに頼んだのは仔牛の心臓近くの部位。思ったより優しい味わい。

メッゼ・マニケ・コン・ラ・パヤータ。仔牛の小腸を玉ねぎやトマトピューレ、ペペロンチーノと一緒にコトコト弱火で煮込み、ショートパスタに和えたもの。パヤータはほのかにミルク味がした。

　先に紹介した、パヤータをソースにしたショートパスタの「メッゼ・マニケ・コン・ラ・パヤータ」。"メッゼ・マニケ"とは、リガトーニがさらに短くなったパスタで、リガトーニとは穴あきのショートパスタでソースがからみやすいようにパスタの表面に筋が入っている。トマトソースのようにサラっとしたソースならペンネのように筋なしのパスタが合う。このように、イタリアではソースによりパスタを使い分けている。

　テスタッチョ地区に店を出す、クイント・クワルト料理の店ではリガトーニではなくメッザ・マニケを使っていた。

「パヤータにはリガトーニがお決まりでしょう?」とシェフに聞いてみたら、ある日、お客さんがリガトーニをフォークで半分に切っているのを見て、さらに短いパスタを使うことにしたとのこと。細やかな気遣いのある店は、それが料理にも見られると納得。世界各地の共通点だ。

　パヤータはサッと炒めた後に、香味野菜やトマト、白ワインと一緒に煮込んで塩とペペロンチーノで味を調える。

　大きい仔牛の小腸しか手に入らない時は長めに煮る、またシンプルに炒める時はハーブのローズマリーが欠かせない、とシェフに教えられた。

私は仔羊のパヤータを食べる幸運に恵まれたが、ほんのりミルクの味がして、かんだ時の適度な食感がクセになりそうな味わいだった。

　そして、メイン料理に食べたのが「アニメッレのロースト」。この日のアニメッレ料理の材料は柔らかく細かい模様がある心臓近くの部位と喉の2ヵ所。

　喉はしっかりとした弾力がありかみ応えがある。くるみのような味わいで微かな甘みがあった。こんな料理にはやはりラッツィオ州の誇る白ワインが合う。

　一緒に食べに行ったローマっ子のすすめに従い、ワインは「カザーレ・マルケーゼ・フラスカーティ」を頼んでみたら、パヤータやアニメッレと抜群の相性。ワインのさわやかでまろやかな味わいが優しく口をぬぐった。

　私の飲んだ白ワインは、ローマワインの里、中心部から東南にかけて位置するフラスカーティの町で作られたものだ。

　実は、イタリアでは、子供が小学生ぐらいになるとワインを水で薄めて飲ませる家庭がある。値段も安く手軽に飲めるローマワインは、庶民に守られて時を重ねてきたのだ。

　さて、クイント・クワルトを出す店には忘れてはならない、逸品がある。それは牛の尾の煮込み「コーダ・アッ

アニメッレのロースト。牛の心臓近くの部位と喉の部位を使用。

ラ・ヴァチナーラ」（次頁に掲載）。焦げ茶色の塊が皿に盛られているのを見て、ちょっとグロテスクだと思ったが、一口食べてみると奥の深い意外なお味。コクのある味の元は何だろうと分析しても分からないので、シェフに尋ねると、ニヤリと笑って「チョコレートだよ」と。

　発祥は貧しい料理だったはずなのに、高級食材のチョコレートがレシピにあるのはなぜなのか？

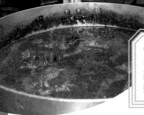

牛の尾の煮込みは近年になってカカオやワインなど高級食材が使われ、グッと豪華な料理に昇格した。

コーダ・アッラ・ヴァチナーラ。香味野菜と牛の尾をじっくり煮込み、湯むきトマトやトマトペーストを加え、隠し味にカカオが入る。

　帰宅して郷土料理の本を開いてみると、牛の尻尾はクイント・クワルトの中でも別格として扱われている部位だったことが分かった。内臓よりも食材として大切に扱われてきたのだ。

　また、1929年に『ローマ料理』のタイトルでローマの家庭料理を一冊にまとめた料理研究家のアダ・ボーニのレシピを見つけ、当時、牛の尾の煮込みがすでに家庭料理に加わっていたことを知った。仔牛の尾から、まず最初にスープ用のブイヨンをとり、その後、香味野菜やトマトを入れて煮込んでいる。一方、リストランテでは、ここ数十年の間にビターチョコレートや松の実、クローブなどの香辛料を加えて、「コーダ・アッラ・ヴァチナーラ」をローマのご自慢料理に昇格させている。

　イタリア中の郷土料理を食べ歩き分かったことだが、貧しい料理に高価な食材が加えられて、富裕層のテーブルへ上がるようになったレシピは他にもたくさんある。こういう料理に出会う度に、イタリア人の食への強いこだわりを感じずにいられない。アダ・ボーニの家庭料理のレシピで「コーダ・アッラ・ヴァチナーラ」を作るリストランテもあるので、2種類の味を食べ比べてみるのも一案だ。

　クイント・クアルトの専門店は、テスタッチョ地区に多いのだが、グアンチャーレを使ったパスタ料理や仔羊料理を食べるなら、そこからヴァチカン市国の方へ地区を一つまたいだトラステヴェレ地区がおすすめ。

　モザイクのファサードが見事な、サンタ・マリア・イン・トラステヴェレ聖堂を中心としたこの地区は、旧市街にはない、まるで小さな村のような風情がある。

旧市街にはないまるで小さな村のような雰囲気のトラステヴェレ地区。戸外のテーブルでカフェをしたり食事をしたり。

　石畳の小道が入り組んでおり、蔦のからまる家並みの軒には洗濯物がヒラヒラ。小道を一歩入るとこじんまりした食堂が、ここに一軒、また一軒と点在している。そして、食事時に中をのぞくと、どの店も人でいっぱい。

　トラステヴェレ地区には小広場が多いので、そこにテーブルを並べた食堂で食事ができるのも魅力だ。

## ローマで育ったユダヤ料理は ローマの郷土料理に

ゲットー地区にはユダヤ料理のお店が立ち並ぶ。ユダヤ料理は時を経るうちに、ローマの郷土料理に大きな影響をもたらした。

　そんなトラステヴェレからS字に蛇行するテヴェレ川を旧市街の方へ渡ったところ、テヴェレ川の中洲、ティベリーナ島に面しているのがユダヤ人のゲットー地区。ユダヤ伝統料理を守るリストランテが軒を連ねる。そして、ゲットーはローマ郷土料理のメニューに名を連ねる、ユダヤ風の料理と深い関わりを持つ地区なのだ。

　そもそも最初のユダヤ人がローマの地へ足を踏み入れたのは、紀元前161年のことだった。

　その頃のローマは共和政（紀元前509年から紀元前27年まで）の時代。

　この時期のローマは国際都市へと発展して大きな軍事力を持っていた。そんな古代のローマ軍に庇護を求めたことに端を発し、多くのユダヤ人が奴隷としてローマの地に連れてこられた。その後、長い時

を経て1555年に現在のゲットー地区が作られるに至った。

　ユダヤ風の料理がいつからローマの人達に食べられるようになったのかは定かでないという。ローマにやって来たユダヤの民と町の人達の間に交流が生まれ、レシピを交換しているうちにユダヤ料理が食されるようになったようだ。それは、ユダヤ風の料理と呼ばれるようになり、ローマの郷土料理に彩りを与えている。

　まずは、ローマの露天市場に山盛りにされているアーティチョーク。

　日本ではあまり一般的な野菜ではないが、イタリアの各地では多く食べられている。ローマ種のアーティチョークはイタリア全土で定評があり、マンモラ、またはチマローロと呼ばれるガクに刺のないものが上質とされており、花が咲く前、ガクが閉じた状態を食材にしている。

　イタリアで"カルチョッフィ"と呼ばれているアーティチョークは、サラダや前菜に多く使われる。ユダヤ風の料理はアーティチョークを素揚げした「カルチョッフィ・アッラ・ジュディア」。

　地元民のみならず観光客にも人気の一皿で、まるで花が咲いたような形状に揚げられている。硬いガクがしっかり重なるカルチョッフィは丸のま

カルチョッフィ・アッラ・ジュディア。ユダヤ料理発祥だが、ローマ郷土料理のお店でこのメニューを出すところがある。

まだといくらたっぷりのオイルで揚げても中まで火が通らない。そこで、二度揚げする。二度目はフライパンに多めにオイルを入れてガクの先を底に押しつけるようにしながら揚げる。すると、外側のガクがさらに開いてカリッと、そして中はモッチリとした食感に仕上がるというわけだ。外側のガクを指でちぎって食べてみると、ポテトチップスのようにカリカリ。内側はジューシーで程よくほろ苦い。躊躇なく、私のおいしいものリストに加えた。

　一方、純然たるローマ風の「カルチョッフィ・アッラ・ロマーナ」の姿は、軸が天をつくように盛られて威風堂々としている。カルチョッフィの外側の硬いガクと中の軟毛を取るのは、ユダヤ風と一緒だが、ローマ風は煮るので、ガクを切り取り、柔らかい部分だけを残す。

　そして、カルチョッフィの中ににんにくを一欠片仕込み、フライパンで炒めたら適量の水を加えて柔らかくなるまで煮込むのだ。

　味を一段上げるのが、メントゥッチャと呼ばれるハッカの仲間の小さな葉。ミントより繊細な香りで、カルチョッフィ料理をエレガントな風味に仕上げている。

カルチョッフィ・アッラ・ロマーナはメントゥッチャが味の決め手。

花が咲いたようなユダヤ風塩だら料理のメニュー名はバッカラ・アッラ・ヴェッキア・ストーリア。

ユダヤ風のたら料理「バッカラ・アッラ・ヴェッキア・ストーリア」はトマト、赤・黄色のピーマン、干しぶどうに松の実、じゃがいもをたらと一緒に盛り込んで、まるで皿の中に絵を描いたような華やかさ。

一つ一つの素材を生かした味わいで、栄養満点なユダヤ風の料理に敬服だ。

実はこの料理はシチリア島が発祥という説がある。スペイン系ユダヤ人がこの料理をローマへ伝えたというのだ。

バッカラ・アッラ・ロマーナ。真っ赤なトマトピューレに彩られて、シンプルながらも手抜きのない料理。ローマの食堂でよく見かけるメニューだ。

一方、旧市街のお店で食べたローマ風のたら料理の「バッカラ・アッラ・ロマーナ」はじゃがいも、ケイパー、オリーブの実を入れたトマトピューレの煮込みで、見た目がやや地味。

しかし、塩だらを二日間水にさらす手間はもちろん省かず、トマトピューレに深みが出るようにたっぷりの玉ねぎを入れて煮ている。

だから、じっくりコックリした味わいで、シンプルなローマ風もなかなかだ。また、先に紹介したユダヤ風の料理は今やローマの郷土料理の座を得ているので、旧市街の食堂でも見かける。

## ローマの食堂にはまだまだこんな料理も

そして、ローマの町の食堂にはまだまだ押さえておきたい料理がある。

木曜日のニョッキ料理、金曜日のたら料理、土曜日の牛胃のトゥリッパ。食堂の前に三日間のメニューを知らせる看板をよく見かける。なぜこんな習慣ができたのかローマっ子でも知らない人が多いのだが、どうやらキリスト教に由来しているようだ。

ニョッキは、小麦粉とじゃがいも、もしくは小麦粉で作った食感がモッチリした小さな団子状のもの。贖罪の前日、木曜日は低コストのニョッキをお腹いっぱい食べていた。金曜日は贖罪の日、だからお肉はいただけない。でも、魚といっても庶民の口に入るのはたら料理ぐらい。そして、翌日の土曜日は晴れて肉の日だが、やはり牛胃のトゥリッパだった。

木曜日のローマの食堂の定番メニューはトマト味のニョッキ料理。手作りニョッキはお腹に優しい。

牛胃の料理、トゥリッパはイタリアの各地で食べられているが、ローマ風はミントで香りをつけている。

フィオーリ・ディ・ズッカ・ファルチーティ。ズッキーニの花の中にチーズとアンチョビーを詰めたフライ。熱々をかじると中からチーズがトロリとはみ出す。

　また、私がピッツァを食べに行くと必ず前菜にとっていたのが、ズッキーニの花のフリットの「フィオーリ・ディ・ズッカ・ファルチーティ」。

　ズッキーニの花の中に、チーズとアンチョビーを詰めてフリットにした料理だが、熱々をかじると中からトロリとチーズがはみ出し、アンチョビーの風味と塩加減が絶妙なバランスのおすすめの一品。

　そして、セージの葉を仔牛と生ハムで巻いて炒め、バターソースをかけた「ローマ風サルティンボッカ」。北イタリアの料理人が考案した料理がローマ風にアレンジされたと伝わる。

　ローマのサラダといったら、チコリの一種、カタローニャチコリの新芽をアンチョビー、にんにく、ワインビネガーのドレッシングで和えた、プンタレッレのサラダ「インサラータ・ディ・プンタレッレ」。

　一週間の滞在では食べきれないメニューの数々、ラッツィオ州の郷土料理には歴史の足跡が見え隠れしている。

サルティンボッカ・アッラ・ロマーナ。仔牛肉にハーブのサルビアの葉を乗せて、それを生ハムで包み、バターソテーして締めくくりに白ワインを入れて煮込んだもの。

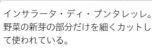

インサラータ・ディ・プンタレッレ。野菜の新芽の部分だけを細くカットして使われている。

# Lazio ラッツィオ州

## リストランテのメニュー選びにおすすめの料理

### Antipasto 前菜

#### *Carciofi alla giudea*

**カルチョッフィ・アッラ・ジュディア**

アーティチョークの丸揚げユダヤ風（P20）。

#### *Carciofi alla romana*

**カルチョッフィ・アッラ・ロマーナ**

アーティチョークににんにくを埋め込み、ハッカの仲間の香草、メントゥッチャを入れて煮たもの（P21）。

#### *Fiori di zucca farciti*

**フィオーリ・ディ・ズッカ・ファルチーティ**

ズッキーニの花の中にチーズとアンチョビーを詰めたズッキーニの花のフリット（P24）。

### Primo piatto 第一皿

#### *Spaghetti all'amatriciana*

**スパゲッティ・アッラマトリチャーナ**

スパゲッティを炒めたグアンチャーレと玉ねぎのみじん切り、トマトピューレで作ったソースで和えたもの（P12）。

#### *Spaghetti alla carbonara*

**スパゲッティ・アッラ・カルボナーラ**

炒めたグアンチャーレ、ゆでたてのスパゲッティを卵とローマ風羊のチーズのクリーミーなソースで和えたもの（P12）。

#### *Cacio e papa*

**カチョ・エ・ペペ**

ローマ風羊のチーズにたっぷりの黒こしょうを加えて、スパゲッティを和えたシンプルなパスタ（P14）。

#### *Mezze maniche con la pajata*

**メッゼ・マニケ・コン・ラ・パヤータ**

仔羊や仔牛の小腸を、少量の玉ねぎを加えて炒め、トマトピューレを加えて、味が染み込むように短時間煮込み、ペペロンチーノで味を調え、ショートパスタと和えたら仕上げにローマ風の羊の粉チーズを加えたもの（P16）。

### Secondo piatto 第二皿

#### *Abbacchio alla scottadito*

**アバッキオ・アッラ・スコッタディート**

乳飲み仔羊のグリルまたは炭火焼き（P10）。

#### *Abbacchio alla cacciatora*

**アバッキオ・アッラ・カッチャトーラ**

乳飲み仔羊を白ワインやワインビネガーを入れて煮込んだもの（P11）。

#### *Animelle arrosto*

**アニメッレのロースト**

使用する部位は日によって異なる。白ワインに合う（P17）。

#### *Baccalà alla vecchia storia*

**バッカラ・アッラ・ヴェッキア・ストーリア**

干しぶどう、松の実、じゃがいも、カラフルな野菜と塩だらの料理（P22）。

#### *Coda alla vaccinara*

**コーダ・アッラ・ヴァチナーラ**

牛尾を香味野菜、クローブなどと共にゆでてトマトピューレ、ナツメグ、カカオを加えて煮込んだもの。昔ながらのレシピにはナツメグやカカオは入っていない（P18）。

#### *Baccalà alla romana*

**バッカラ・アッラ・ロマーナ**

塩だらを水につけて塩抜きして、トマトピューレにケイパー、オリーブの実、じゃがいもなどを加えて煮込んだもの（P22）。

#### *Saltimbocca alla romana*

**サルティンボッカ・アッラ・ロマーナ**

仔牛のフィレ肉を薄切りにして、サルビアの葉を乗せてさらに生ハムで巻き、バターで焼いて白ワインで風味をつけたもの（P24）。

#### *Zuppa di ali di razza*

**ズッパ・ディ・アリ・ディ・ラッツァ**

えいのヒレと小さなブロッコリーのスープ。ショートパスタを入れてスープパスタにしている店もある。

### 付け合わせやサラダ

#### *Insalata di puntarelle*

**インサラータ・ディ・プンタレッレ**

ローマを代表する葉野菜、カタローニャチコリの柔らかい芽の部分をにんにく、アンチョビー入りのドレッシングで和えたサラダ（P24）。

運河から見たサン・マルコ

# Veneto

ヴェネト州

## ラグーナの
## 恵みを食卓へ

イタリアの北東部に位置し、
州都はヴェネツィア。
特にラグーナで捕れる海産物は
ほかにはない味わいだ。

サン・マルコ大聖堂

ラグーナの風景

## ラグーナの恵み、内陸部の家禽料理、東方貿易の足跡が残るヴェネト州

ヴェネツィアがアドリア海に面したラグーナ（潟）に姿を見せたのは、およそ1500年近く前のことだと伝わる。4世紀から始まったゲルマン民族の大移動。その侵略から逃れた民がラグーナの小島に住み始めた。

そして、何本もの杭がラグーナに打ちこまれ、人工的に作られた100を超える島々ができ、今に至るまで人々の暮らしを守っている。

本土の最寄り駅、ヴェネツィア・サンタ・ルチーア駅から4キロほど離れた本島はイタリアのどこを探してもほかに類を見ない雰囲気に満ちあふれている。

小さな運河が島を縦横無尽にめぐり、そこにいくつもの橋がかかり、瀟洒な貴族の館が立ち並ぶ。

ヴェネツィアはどこを向いても額に収めたくなるような風景の島。思わずウキウキしてしまうのは私だけではないはずだ。

ヴェネツィア本島を歩くと海洋王国を忍ばせる貴族の館が運河沿いに立ち並んでいる。

十字軍と共に東ローマ帝国（ヴィザンツ帝国）に遠征して大きな富を得たヴェネツィアが気運に乗り始めたのは13世紀のこと。

貴族商人達による東方貿易はヨーロッパへ拡大し、15世紀には海洋王国として押しも押されぬ地位を得ていた。

また、ラグーナはガレー船を送迎するだけではなく、島に暮らす民に海の幸をもたらしてきた。ラグーナは、海水が入ることにより常に水が入れ替わるから魚介類がすくすく育つのだ。州の漁師は「昨今は水質汚染により魚が捕れなくなった」と顔を曇らせるが、それでもヴェネツィア料理は多くの魚介にあふれている。

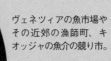

ヴェネツィアの魚市場やその近郊の漁師町、キオッジャの魚介の競り市。

ほうぼう料理。添えられた
ポレンタと一緒にいただく。

魚介のフリット、フルッティ・
ディ・マーレ・フリッティ。

　とくにおいしいのが小海老のスキエ、近海で養殖している緑蟹のモレー
ケ（モエーケ）、いかやたこ、魚ではカサゴ目のほうぼうなど名をあげたら
キリがない。そんな魚介を一皿にまとめたフリットの衣はまるでヴェール
のように薄く、素材の味を生かしたものだ。

　ムール貝のソテーは頬張ると嬉しくなるほど肉厚で身が大きい。

　また、前菜の中で歴史を感じるのはいわし料理の「サルデ・イン・サオー
ル」。かたくちいわしに粉をふって揚げたものに砂糖とワインビネガーを入
れて炒めた玉ねぎと干しぶどう、松の実をトッピングしたもの。

　13世紀に弱冠17歳でアジアへ旅立ったマルコ・ポーロがヴェネツィアに
戻ったのは24年も後のことだが、多くの東方土産の中に干しぶどうと松の
実があったといわれている。

貝の盛り合わせソテーを注文したら、大きな
身のムール貝が山盛りで運ばれた。

サルデ・イン・サオール。すっきりと
した味わいのいわし料理。

セッピア・イン・ネーロ。いか墨料理がヴェネツィアの名物になった。

モレーケ・フリッティ。脱皮直後のソフトシェルクラブは素揚げするのがヴェネツィア風。

いか墨はパスタやリゾットでも食べられているが、ヴェネツィアではメイン料理としてドンと大盛りが運ばれてくる。これぞヴェネツィアならでは。

いかの墨煮の「セッピア・イン・ネーロ」はもんごういかをにんにくと炒めトマトピューレと白ワインで煮込み、新鮮な墨を入れてできる簡単な料理だ。しかし、口の周りに墨がつこうが構わず、着々と胃袋に納めずにいられない濃厚で深みのある味わいだった。

ヴェネツィアのソフトシェルクラブは緑蟹。春と秋しか食べられない季節限定の食材。

緑蟹のモレーケは、脱皮直後のソフトシェルクラブのこと。脱皮の季節は春（4月、5月）と秋（10月、11月）なので、モレーケ料理を食べるには時期を選ばなければならない。

朝市で仕入れた、生きている蟹を素揚げするだけの料理だが、まさしくラグーナの贈り物といえる滋味に富んだ味わいだ。

スキエは今や希少となってしまったが、ヴェネツィアのスキエは私が知っている小海老の味とは違い、シャコの風味があり小さな身の中に濃い味がギュッと詰まっている。「スキエ・コン・ポレンタ」（次頁に掲載）はとうもろこしの挽き粉を練って作ったトロトロのポレンタにスキエがトッピングされた料理。スキエにポレンタをからませて食べると、これが実に美味なのだ。

スキエ・コン・ポレンタ。「昔のように捕れなくなったのが残念だ」と漁師がいうほどの希少価値の小海老、スキエは小さくても奥の深い味わい。

## 主役から脇役になったポレンタは
## さまざまな料理の付け合わせに

　とうもろこしのポレンタはヴェネト州のほかに、北イタリアの各地で食べられている。ポレンタはすでに中世で食されていたが、当初は乾燥空豆にスペルト小麦などの穀類を合わせた挽き粉で作られていた。しかし、15世紀後半にコロンブスが新大陸から戻り、とうもろこしがイタリアで栽培されるようになると、貧農がとうもろこしのポレンタを主食とするようになった。ラグーナの土地は小麦の栽培に適しておらず、小麦の流通はあったものの庶民には手が届かないものだった。今でこそ豊かなイタリア料理だが、貧富の差が激しい貧しい時代が長かったのだ。

　しかし、ポレンタは長年の主食の座を降りなければならなくなる。19世紀から20世紀初頭にかけてナイアシン欠乏症が蔓延してしまい、ポレンタはメイン料理の付け合わせ、料理の脇役に姿を変えることとなった。

　現在のポレンタは焼いたり、柔らかくソースのように練り上げたり、また揚げて砂糖をまぶしおやつとしても食べられたりしている。付け合わせに格下げされてしまったポレンタだが、ヴェネト州が自慢の郷土料理を名脇役として支えている。

ポレンタのお菓子。

とうもろこしの粉で作るポレンタは焼いても、練っても美味。メイン料理の付け合わせとは思えないボリュームだ。

　州の内陸では畜産が盛んで、牛や豚以外に鴨や鷭鳥などの家禽を飼育している。鴨の煮込み「アナトラ・イン・テチア」は柔らかいポレンタのベッドに横たわる垂涎の一皿。"テチア"とは鴨をコトコトと煮込むテラコッタの鍋のこと。香味野菜と鴨を炒めて、トマトピューレや白ワインを加えて鍋でじっくり煮込むのだが、なんと隠し味の香辛料はシナモン、クローブ、ナツメグ。料理が運ばれるとエキゾチックな香りが立ちのぼり、肉にジワっと染み込んだ香辛料とトマトのエキスがしみ出てくるのを見ただけでおいしさが伝わる。

　また、大きな腸詰めも柔らかいポレンタといただく。「ソプレッサ」は豚肉の上質な部分をひき肉にしてにんにく、シナモン、クローブ、香草のローズマリーを入れて腸詰めにし、4、5日乾かした後に、2ヵ月から4ヵ月の間熟成させたものだ。腸詰めは前菜メニューに名を連ねることが多いが、「ソプレッサ」は味と手間を考えても堂々とメイン料理になる一品。

　この二皿を見ただけでも古の東方貿易によってもたらされた香辛料が今に伝わることが分かる。

　シェイクスピアの戯曲『ロミオとジュリエット』は二人の悲運に涙を誘うが、舞台となったのがヴェネツィアから西へ120キロほどの

パスティサッダ・デ・カヴァール。ヴェローナ名物の馬肉料理。

バッカラ・マンテカート。大きくて見た目も無粋な干しだらが、こんな繊細な料理になるとは。

ヴェローナの町。この町の馬肉料理「パスティサッダ・デ・カヴァール」は焼きポレンタと一緒に供されるが、料理の成り立ちにもちょっと悲しい話があった。

5世紀のこと、ヴェローナは東ローマ帝国と西ローマ帝国の戦いの場になってしまったのだが、多くの騎馬兵が命を落とし、兵士と共に馬も道連れになったのだ。しかし、大量の馬肉は塩漬けやマリネーにされて、この町に馬肉料理をもたらした。現在の馬肉料理は、土地の赤ワイン、アマローネと香味野菜で2時間も煮込むのだという。アマローネはベリー系の森の果実やチョコレート系の香りが特徴のワインなので、馬肉の味を深みのある力強いものにしていた。ポレンタはトロミのある柔らかいものや、焼いたものが、魚介、肉という素材にかかわらず、メインの個性に合わせて選ばれている。

ヴェネツィア商人は15世紀になると、その販路を拡大していたが、思わぬ拾い物をしたのが「ストッカフィッソ」と呼ばれる天日干しのたら。ノルウェーへ出かけた際に不運にも悪天候に見舞われた商船は、仕方なくロフォーテン諸島で嵐の過ぎ去るのを待つに至ったのだが、そこで見つけたのが天日干しされたカチカチのたらだった。それを持ち帰ったところ、鮮魚が手に入らない内陸部からも求められるようになり、いくつもの郷土料理が生まれた。

今や希少価値となった白いとうもろこしのポレンタと相性がいいのが「バッカラ・マンテカート」。食前酒の当てにもなる。イタリアのほかの地方では塩だらをバッカラと呼んでいるが、ヴェネツィアでは干しだらの"ス

トッカフィッソ"を"バッカラ"という。水に浸し、数日かけて柔らかくした干しだらを水と牛乳で柔らかく煮込み、その後、オリーブオイルを垂らしながら、撹拌器で細かく砕き、にんにくとパセリを入れるのが一般的な調理法。焼きポレンタにトッピングしてもおいしい料理だ。

昨今では生のにんにくを嫌う若者が増えているので、にんにくも牛乳で煮て香りを柔らかくしている店がある。

「伝統料理を大切にしているので、皆に好まれるようにしています」とシェフに聞き、現在の嗜好に合わせた小さな工夫が郷土料理を今に繋いでいるのだと知った。

ラディッキオ・ロッソ。産地の名称で別名「トレヴィーゾ」。

## おかゆのようなリゾットに<br>スープパスタとビゴリ

ヴェネト州はポー川やアディジェ川の豊かな水の恩恵を受けている。

珍しいものでは水耕栽培で作られる赤と白の葉野菜、「ラディッキオ・ロッソ」。この野菜は生でよし、ゆでてよし、リゾットの具にも使われる。

また、リゾット料理はヴェネツィア周辺ではいか墨やサフランを使ったものがある。一方、内陸部のヴェローナの町でいただいた、グリーンピースのリゾット「リーシ・エ・ビーシ」はおかゆのようにトロリとしていた。

実はヴェネト州のリゾットは他州のものより水分が多いのが主流なのだという。「リーシ・エ・ビーシ」は、春に柔らかい生のグリーンピースが出回ると、家族からリクエストが出る家庭料理なのだそうだ。確かに春の柔らかな風景を思わせるような、優しい色合いと味わいのリゾットだ。

そして、ヴェネト州で出会った2種類のパスタ料理は圧巻だった。

いか墨のリゾット

サフランのリゾット

リーシ・エ・ビーシ

タリアテッレ・イン・ブロード・コン・フェガティーニ

　一つは鶏のレバーをトッピングしたスープパスタの「タリアテッレ・イン・ブロード・コン・フェガティーニ」。

　雌鳥でとったスープに平麺のタリアテッレを流し込み、月桂樹の葉で風味をつけて炒めたレバーを乗せたパスタ。見た目は日本のラーメン屋さんにもありそうな感じだが、そこはイタリア、月桂樹の葉でレバーの臭みをカバーしているのでやはりお味はイタリアン。

　もう一つのパスタ料理は農民に「芋虫」という不名誉な名前をつけられてしまった、パスタの「ビゴリ」。ビゴリはヴェネト州で多く食べられているロングパスタだが、その歴史は1300年代にさかのぼる。当時は方言で「メヌエイ」（糸状のもの、小さなもの）と呼ばれていたらしいのだが、全粒粉を加えるため色がくすんでいたので、「芋虫」に呼び名を変えられてしまった。しかし、「ビゴリ」はパスタ料理の醍醐味を存分に味わわせてくれる。スパゲッティよりやや太めの表面はよく見るとざらざらしている。専用のパスタ製造機、ビゴローラで生地を絞り出すときに、細かい刻みをつけてソースをからみやすくしているのだ。「ビゴリ・イン・サルサ」はたっぷりの玉ねぎを炒めたら白ワインを注ぎ、アンチョビーを加えたソースをビゴリにかけたもの。太いパスタにソースを余すことなくからめていただく嬉しさといったらない。

　また、レバーソースの「ビゴリ・コン・イ・フェガティーニ」も太麺との相性はなかなか。「芋虫」という名前にはちょっと食指が動かないが、歯応えのあるビゴリ料理は、忘れがたい味となった。

ビゴリ・イン・サルサ

ビゴリ・コン・イ・フェガティーニ

# Veneto ヴェネト州

リストランテのメニュー選びにおすすめの料理

## Antipasto 前菜

### Insalata di baccalà
**インサラータ・ディ・バッカラ**

水に戻した干しだらをゆでて細かくし、オリーブオイルで味つけしたシンプルな料理。隠し味ににんにくを入れることもある。

### Baccalà mantecato
**バッカラ・マンテカート**

水に戻した干しだらを牛乳と水で煮てにんにく、オリーブオイルを加えてミキサーや撹拌器で繊維状に細かくしたもの（P32）。

### Bollito misto di mare
**ボリート・ミスト・ディ・マーレ**

ラグーナで捕れた新鮮な魚介をシンプルにボイルしただけの料理。

### Sopressa con polenta
**ソプレッサ・コン・ポレンタ**

豚の上質な部分をひき肉にして、にんにく、シナモン、クローブなどの香辛料、またローズマリーなどの香草で味つけした腸詰め。メイン料理として食べても良いボリューム。ヴェネト州のヴィチェンツァのものが有名（P31）。

### Sarde in saor
**サルデ・イン・サオール**

揚げたかたくちいわしに、炒めた玉ねぎにワインビネガーで酸味をつけ、干しぶどう、松の実をトッピングしたもの（P28）。

## Primo piatto 第一皿

### Risotto con radicchio rosso
**リゾット・コン・ラディッキオ・ロッソ**

ヴェネツィア近郊の町、トレヴィーゾの名産、赤と白の葉野菜、ラディッキオのリゾット。

### Risi e bisi
**リーシ・エ・ビーシ**

春の柔らかい生のグリーンピースをたっぷり入れたリゾット（P33）。

### Bigoli in salsa
**ビゴリ・イン・サルサ**

玉ねぎとアンチョビーのソースを太麺ロングパスタのビゴリと和えたパスタ料理（P34）。

### Risotto all'Amarone
**リゾット・アラマローネ**

ヴェローナの銘醸赤ワイン、アマローネをぜいたくに使ったリゾット。

### Tagliatelle in brodo con fegatini
**タリアテッレ・イン・ブロード・コン・フェガティーニ**

平打ち麺のタリアテッレのスープパスタ。月桂樹の葉で風味をつけたレバーがトッピングされている（P34）。

### Bigoli con i fegatini
**ビゴリ・コン・イ・フェガティーニ**

炒めたレバー、玉ねぎを赤ワインで味つけして月桂樹の葉で風味をつけたソースを太麺ロングパスタのビゴリと和えたパスタ料理（P34）。

## Secondo piatto 第二皿

### Frutti di mare fritti
**フルッティ・ディ・マーレ・フリッティ**

ラグーナの魚介類をフリットにしたもの（P28）。

### Seppia in nero
**セッピア・イン・ネーロ**

もんごういかを炒めてにんにく、白ワイン、トマトピューレで煮込み、仕上げにいかの墨で和えたもの（P29）。

### Moleche fritti
**モレーケ・フリッティ**

脱皮直後の緑蟹、ソフトシェルクラブを素揚げしたもの。メニューにMoeche（モエーケ）と記載されていることがある。春と秋にしか食べられないメニュー（P29）。

### Schie con polenta
**スキエ・コン・ポレンタ**

今や希少となったラグーナ近郊で漁れる小海老のスキエをゆで、柔らかいポレンタにトッピングしたもの（P30）。

### Anatra in tecia
**アナトラ・イン・テチア**

鴨肉をテラコッタの鍋で長時間煮込み柔らかいポレンタの上に乗せた料理（P31）。

### Pastissada de caval
**パスティサッダ・デ・カヴァール**

馬肉を赤ワインと香味野菜で煮込んだもの。ヴェローナの名物料理（P32）。

フィレンツェ大聖堂

フィレンツェ旧市街眺望

# Toscana

トスカーナ州

## 貴族料理から
## 農民料理まで

シニョーリア広場

イタリアの中部に位置し、州都フィレンツェは
イタリアルネッサンスの中心であった。

## ブランド牛と豚、貴族料理に農民料理、ジビエなど豊富な食材

　フィレンツェを歩くたび、整然として落ち着きのある町のたたずまいに安らぎを感じる。この町の人の暮らしぶりに、京都に通ずる繊細な気配りを感じるからだ。

　フィレンツェは「花の都」の別名を持つ。ラテン語の「フロレンティア」からきており、紀元前からこの地に住み始めた民、エトルリア人の集落が活気にあふれていたことに由来する。

　また、「芸術の都」と呼ばれるのはフィレンツェに繁栄をもたらしたメディチ家の貢献が大きい。ブルネレスキが設計した大聖堂の丸屋根は今やフィレンツェのシンボルだし、幼少時からメディチ家に見込まれたミケランジェロのダヴィデ像を見るために、この町を訪れる人が多い。

　しかし、フィレンツェから西へ40キロのヴィンチ村で生まれたレオナルド・ダ・ヴィンチは残念ながらメディチ家と折り合いが悪く、フィレンツェを早々に後にしてしまった。

レオナルド・ダ・ヴィンチの生い立ちや調理器具のデッサンを集めたイタリア語の書籍。

　レオナルド・ダ・ヴィンチはなかなかの食通だったようで、近年、彼が考案した多くの調理器具のデッサンをまとめた本や料理本が人気を集めている。

　レオナルドはフィレンツェにあった師匠ヴェロッキオの工房で修業するかたわら、「三匹のカタツムリ」という名のリストランテでも働いていたというのだ。また、その店が火事で閉店してしまうと、今度はボッティチェッリと店を出し、今ならはやること間違いなしの斬新な創作料理に挑戦していたという。

　ヌーベルキュイジーヌの盛りつけのような彼の料理はあまりに早く時代を先取りしたので、大盛りが主流の当時には受けず、店は頓挫してしまう。しかし、レオナルドはトスカーナ州の極上肉を食べて育ったせいか、私生児ながらもパティシエの母から生まれ、グルメの父に育てられた故なのか、

小規模農家では農園型宿泊施設のアグリトゥーリズモを経営して、家畜や農園の野菜を料理して振る舞い、宿泊客を喜ばせている。

晩年も野菜より、肉を愛したと記されている。

トスカーナ州は土地のほとんどが山岳地帯と丘という地形なので、畜産業に力を入れられず実は小規模な農家が多い。それでも上質なキアナ牛があり、「ビステッカ・アッラ・フィオレンティーナ」（フィレンツェ風のTボーンステーキ）として供されている。

キアナ牛は肉の赤身が味わい深く、厚切りの肉を切り分けると、肉汁がジュワっとしたたり落ちるので、思わず喉を鳴らしてしまう。肉汁を損なわないように、焼く前に塩をふらないのがおいしく仕上げるコツなのだと教えられた。

また、豚肉はフィレンツェの南にある町、シエナ産の黒豚がブランド豚になっている。黒い胴体に白い輪があるのが特徴で、自由を好む黒豚は豚舎で飼育することが不可能。森に囲いを作り、放し飼いにして、自然の恵み、ドングリなどの木の実を食べさせている。だから、身が適度に締まり、味に深みがある。ステーキでいただくのはもちろん、希少ながら品質の高い食肉加工品が作られ、食通をうならせている。

畜産が盛んではない土地柄なのに、牛、豚、ともにイタリアのトップクラスの地位に輝くのは、まさにトスカーナ州という土地柄。海外進出が早かったオリーブオイルやワインの例を見てもうなずける。

シエナ産の黒豚サラミのサルーミ・ディ・チンタ・セネーゼ。熟成室で作られた腸詰や生ハムは、少しお値段が張るがとても美味。

ビステッカ・アッラ・フィオレンティーナ。赤身の肉は柔らかくとてもジューシー。

クロスティーニ・ディ・フェガト。塩なしパンの上に鶏のレバーを乗せたもの。赤ワインが進む一皿。

## 塩なしパンに工夫を凝らした農民料理

しかし実はこの州の郷土料理は、農民料理発祥のものが多い。そして、素朴な料理に涙ぐましい工夫が見られる。

とくに塩を入れず自然酵母で発酵させて焼き上げたパン、“パーネ・トスカーノD.O.P.（原産地名称保護制度）”を使った料理が数多くある。

今やD.O.P.に認定されているほどのパンになぜ塩が入っていないのか。イタリア郷土料理辞典を調べると、その謎は12世紀にさかのぼることがわかった。

海洋王国として拡大していたトスカーナ州西岸の町、ピサの斜塔で有名なピサとフィレンツェは当時、勢力争いをしていた。フィレンツェを憎々しく思っていたピサは、なんと塩の流通を止めてしまったのだ。塩の値段はますます高くなる一方。よって庶民には手が届かないものになってしまったのだった。

しかし、周りがパリッとして中は柔らかく弾力のある塩なしパンは、この地の郷土料理を豊かなものにした。フィレンツェの食堂でよく見かける前菜が、鶏のレバーのオープンサンド、「クロスティーニ・ディ・フェガト」。

地味な色合いだが、奥の深い味わいで赤ワインのおともにはもってこい。味の秘密は材料にアンチョビー、赤ワイン、香草のサルビア、ケイパーが

リボリータ。トスカーナのパンと野菜の黒キャベツがたっぷり入ったミネストローネ。

パッパ・アル・ポモドーロ。年間を通して食べられているトスカーナ風のおかゆ。

入っていること。

　また、硬くなったパンを何とかおいしく食べられるようにしたのが「リボリータ」（「煮直した」という意味）、そして、トスカーナ風のおかゆ「パッパ・アル・ポモドーロ」、ワンプレート料理として夏に欠かせない「パンツァネッラ」だ。

　塩を入れるどころか、その昔、農民たちは毎日パンを焼く暮らしすらできなかった。硬くなったパンを何とかして食べたいという農民の涙ぐましい工夫がこれらの料理を生み出したのだ。

「リボリータ」は身近にあった食材、白インゲン豆や黒キャベツを一緒に煮込み、パンの上に流し込むと、一晩寝かせて味を染み込ませ、翌日煮直してようやく食べられる料理。黒キャベツはケールの一種、キャベツといってもほうれん草のようにまっすぐ葉をつけた野菜で、煮込むと甘みが増す。

　トスカーナ風のおかゆ「パッパ・アル・ポモドーロ」は、夏は常温で、冬は温かい状態でいただける年間を通して親しまれている一皿。

　オーブンで水気を飛ばした塩なしパンをトマトピューレで煮込むだけの簡単な料理だが、パンがトロントロンになっているので、喉越しが良く、食欲のない時でもスルスルとお腹に収まる。欠かせないのがトマトピューレを入れる前にオリーブオイルで炒める赤玉ねぎだ。

　14世紀に一世を風靡したジョバンニ・ボッカッチョの『デカメロン』の6日目の第十話に登場するのが、その容貌から“玉ねぎ”の愛称で親しまれていた修道士。そして、ほどこしを求めてこの修道士が訪れるのがフィレンツェの南西にあるチェルタルドの町。ここは極上の赤玉ねぎの里なのだ。

チェルタルドの瑞々しい赤玉ね
ぎ。毎年9月に赤玉ねぎ祭りが
行われている。

今も残るチェルタルドの旧市街。ボッカッチョはこの町で
生まれ、イタリアを漫遊した後にこの町で生涯を閉じた。

　チェルタルドはボッカッチョの生まれ故郷でもある。敬愛する詩人ペトラ
ルカに『デカメロン』を俗語で書いたことを非難されると、彼は悲しみの
あまり、今も当時の面影を残すチェルタルドへこもってしまう。

　また、赤玉ねぎはトスカーナのパンサラダ、「パンツァネッラ」にも一役
買っている。パンを水に浸して柔らかくし、適度に水気を切ったら野菜と
和えただけのシンプルなパンサラダ。パンをトーストして一口大にして野
菜と合わせることもあるし、ひよこ豆などを加える家庭もある。

　トスカーナの少し苦みのあるオリーブオイルを回し入れると相性抜群の
ワンプレート料理に仕上がる。

パンツァネッラ。トスカーナ
のパンサラダ。野菜もたっぷ
りなワンプレート料理。

# フランス大妃になった
# カテリーナ・デ・メディチゆかりの二皿

カテリーナ・デ・メディチは1519年にフィレンツェで産声をあげた。14歳で後のフランス王アンリ2世と縁を結んだカテリーナだが、幼少期に両親を失い、結婚に至るまでは政治の思惑に翻弄（ほんろう）される日々だった。そんな生い立ちが彼女を強くさせたのか、アンリ王子に嫁ぐにあたり、最高の調理人や給仕を従えフィレンツェからフランスへ渡ると、カテリーナは宮廷の女性から称賛を得るようになった。

アナトラ・アルランチャ。フランスは自国の料理だと主張しており、いまだに真相は分かっていない。

フランスでもカテリーナの人生は決して楽なものでなかったが、10人の子宝に恵まれた。カテリーナにゆかりの深い一皿はフランス料理として日本で知られている鴨肉のオレンジソース、「アナトラ・アルランチャ」。

見た目もノーブルな一品で、宮廷の晩餐（ばんさん）に似合う料理だ。しかし、この料理はカテリーナが生まれる前、1400年代にフィレンツェの貴族に食べられていたという文献がある。だからカテリーナに随行した料理人がフランスへ伝えたのではないかといわれている。

もう一皿は、フランス王妃には似つかわしくない臓物料理の「チブレオ」。フィレンツェには"チブレオ"を店名にしている老舗リス

チブレオ。ルネッサンスの時代から庶民に愛されてきた臓物料理。

トランテがあるほどで、ルネッサンスを代表するこの料理が市民に親しまれてきたことがわかる。カテリーナの好物と伝わる「チブレオ」のレシピを見て、目を丸くした。鶏の内臓、レバーや腎臓、鶏冠、睾丸。それに卵黄、レモン、玉ねぎのみじん切り、白ワイン。どう考えても王妃に似つかわしい料理とは思えない材料だ。

　興味津々でリストランテの調理場に入れてもらい、調理の仕方を見せてもらった。玉ねぎのみじん切りをバターで炒め、軽く粉をふった鶏の臓物を炒める。臓物好きにはたまらないかもしれないが、どう見ても美しいとはいえない。しかし、その後、とき卵を回し入れ臓物をヴェールで包むようにすると、とてもエレガントな見た目に姿を変えたのだ。

　火を止める前にレモン汁を入れることで、臓物の臭みが消え、斬新な一品ができ上がった。一切れをフォークに突き刺し、食べてみるとトロリとした卵と弾力のある臓物のハーモニーが絶妙。

　一説によると、カテリーナは大の臓物好きだったという。宮廷の宴が終わった後は、故郷の味に舌鼓を打ちフィレンツェを懐かしんでいたのかもしれない。カテリーナにゆかりの深い対照的な二つの料理は、まるで王妃の顔と本来の顔の違いを物語っているかのようだ。

# トスカーナ州の男性は<br>大物を目指し森へ向かう

　トスカーナ州は大部分が山岳地帯と先にも述べたが、森はきのこや山菜、そしてジビエの宝庫である。狩猟を趣味にする人が多く、仕留めた獲物が食卓に花を添えている。この州に野兎、野鳥、猪などのジビエ料理が豊富なのはそのためだ。猪に至っては100キロぐらいの大物を仕留めるという。

　日本でもジビエ料理が人気で、シェフ達がこぞって調理法を研究しているが、トスカーナも負けず劣らず、手抜きができないのがジビエ料理だ。

フィレンツェ郊外は森に囲まれているので、狩猟を趣味にする男性が多い。森ではイタリアの松茸、肉厚のポルチーニが採れる。

「チンギアーレ・イヌミド」は猪のトマト煮込み。ジビエの中でも猪は身が硬く、においが強いので前日から酢を入れた水に浸し、その後は灰汁(あく)を取りながら下ゆでしなければならない。ゆで上がった猪肉はさらに香味野菜、トマトと合わせて煮込み、赤ワイン、またローズマリーやサルビアの香草で味にアクセントをつける。

煮込んだ猪は皿に盛った後もしばらく湯気がもうもう。舌をやけどしそうな熱々を手早く切り分けて口に運ぶと、香草の香りがほのかにただよい、じっくり、こっくりした味わいが口いっぱいに広がった。冬の寒さが厳しいトスカーナ、猪料理は身体を芯から暖めてくれるに違いない。

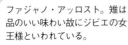

チンギアーレ・イヌミド。獲物は100キロを超える大物だったと知らされた。

一方、雉料理の「ファジャノ・アッロスト」はなかなかエレガントな一皿。雉(きじ)は味が繊細だが、やや淡白。そこで腹の中に黒オリーブや豚の腸詰め、香草を詰め、さらに豚バラの塩漬けをスライスして胴体に巻きつけてオーブンで焼き上げる。内側からジワジワと肉の味わいを豊かにするのだ。

ともすればパサつきがちな雉の肉はしっとりして風味豊かになる。こんな料理が味わえるのなら、狩猟が楽しくなるわけだ。

ファジャノ・アッロスト。雉は品のいい味わい故にジビエの女王様といわれている。

# トスカーナ州の見逃せない
# 個性豊かなロングパスタ

ジビエ料理は小さく刻んでパスタのソースとしても食べられている。猪のソースには卵と小麦粉で作った手打ち麺の"パッパルデッレ"を合わせる。ロングパスタのパッパルデッレは幅が2センチほどの平打ち麺。「パッパルデッレ・アル・スーゴ・ディ・チンギアーレ」は猪の煮込みをパスタに和えたものだ。

私はトスカーナ州の食堂でこのメニューを見つけると食べずにいられない。

そして、まるで日本のうどんのようなパスタの"ピーチ"。世界で最も美しい広場といわれ、三つの丘を現す扇状の「カンポ広場」があるシエナで生まれたパスタだ。

小麦粉を水でこねただけのロングパスタだが、腰の強さは讃岐うどんを越えている。「ピーチ」という名前は、方言の「押しつぶす」に由来する。だから、生地を平たくして1センチ幅に切り分けたら、オリーブオイルを数滴垂らし、パスタを手で押しつぶすようにしながら長くしていく。それをさらに掌で転がしながら細長く伸ばすことで麺に腰が出る。

このパスタを使った料理が、にんにくたっぷりのトマトソースで和えた「ピーチ・アッラリオーネ」。

にんにくのパンチが効いたトマトソースは腰の強いパスタをしっかり包み込んでいた。

パッパルデッレ・アル・スーゴ・ディ・チンギアーレ。濃厚な猪のソースとパスタの相性は抜群。

ピーチ・アッラリオーネ。パスタソースがかかっていなければうどんと見間違えそう。

# トスカーナ州の漁師料理は二度おいしい

トスカーナ州の西部、港町のリボルノが発展したのはメディチ家がこの地を理想都市にしたいと願い、移民や異教徒を受け入れたからだった。免税特区だったことも手伝い、15世紀のリボルノは多国籍都市として賑わっ

カチュッコ。リボルノの名物。

アッチューゲ・アル・ポヴェロ。この料理にはキリリと冷えた白ワインが欠かせない。

ていたという。

当時の面影を残す壁の周りは運河が巡り、今も漁船が数珠つなぎに停泊している。ここで食べたい料理は何といっても魚介のトマト煮込み「カチュッコ」。

元々はトルコ料理で、市場では売れない小魚を煮込んだのが元祖のカチュッコだ。しかし、現在のカチュッコはぜいたくになり、材料にムール貝、海老、シャコやたこまで加えられている。お隣の町、ヴィアレッジョでも食べられている料理だが、リボルノ風は魚介の味がギュッと詰まっていて、調味料に酢と赤ワインを入れているので、見た目よりさっぱりしている。カリッと焼いたパンを残りの汁に浸して食べると二度おいしい。

前菜に捕れたてのかたくちいわしのマリネー「アッチューゲ・アル・ポヴェロ」を頼めば、後は白ワインの栓が抜かれるのを待つばかりだ。

フィレンツェから車で1時間余りのリボルノ、海風に吹かれて二つの料理を食べるのも悪くない。

# Toscana トスカーナ州

リストランテのメニュー選びにおすすめの料理

## Antipasto 前菜

### Crostini di fegato

**クロスティーニ・ディ・フェガト**

赤ワイン、アンチョビー、香草のサルビア、ケイパーを入れた鶏のレバーペーストのオーブンサンド（P39）。

### Fagioli all'uccelletto

**ファジィオーリ・アルッチェレット**

トスカーナ産のカンネリーニ種の白いんげん豆をトマトピューレで煮込み香草のサルビアで風味をつけたもの。パンに乗せ、オーブンサンドにしても良い。

### Acciughe al povero

**アッチューゲ・アル・ポヴェロ**

かたくちいわしと赤玉ねぎを白ワインビネガーとオリーブオイルでマリネーしたもの（P46）。

### Salumi di Cinta senese

**サルーミ・ディ・チンタ・セネーゼ**

シエナ産の黒豚の腸詰め（P38）。

## Primo piatto 第一皿

### Ribollita

**リボリータ**

白いんげん豆、黒キャベツ、その他の野菜の煮込みをパンに染み込ませ煮直したトスカーナのパン入りミネストローネ（P40）。

### Papa al pomodoro

**パッパ・アル・ポモドーロ**

トマトソースでパンを煮込んでたっぷりのオリーブオイルをかけたトスカーナ風のおかゆ（P40）。

### Pappardelle al sugo di cinghiale

**パッパルデッレ・アル・スーゴ・ディ・チンギアーレ**

平打ち麺のロングパスタを猪のトマト煮込みソースで和えたもの（P45）。

### Pappardelle al sugo di lepre

**パッパルデッレ・アル・スーゴ・ディ・レプレ**

平打ち麺のロングパスタを野兎のソースで和えたもの。

### Pici all'aglione

**ピーチ・アッラリオーネ**

うどんのような極太パスタににんにくたっぷりのトマトソースを和えたもの（P45）。

## Secondo piatto 第二皿

### Bistecca alla fiorentina

**ビステッカ・アッラ・フィオレンティーナ**

キアナ牛のTボーンステーキ（P38）。

### Cinghiale in umido

**チンギアーレ・イヌミド**

猪肉を香味野菜やトマトピューレ、赤ワインで煮込み、ローズマリーやサルビアの香草で風味をつけた猪の煮込み（P44）。

### Fagiano arrosto

**ファジャノ・アッロスト**

雉の腹に黒オリーブや豚の腸詰め、香草を詰めてスライスした豚バラの塩漬けを巻いてオーブン焼きしたもの（P44）。

### Anatra all'arancia

**アナトラ・アルランチャ**

鴨肉のオレンジソース、ローズマリー風味（P42）。

### Cibreo

**チブレオ**

鶏の臓物、鶏冠などをにんにく、玉ねぎのみじん切りとともにバターで炒めて、さらに卵黄を割り入れレモン汁で味を調えた炒め物（P42）。

マントヴァ旧市街

# Lombardia

ロンバルディア州

## 衣と食のフュージョン

イタリアの北西部に位置し、州都はミラノ。
イタリア最大の人口（約1,000万人）を擁する。

サン・ピエトロ大聖堂

> **ファッションの町ミラノがある州には**
> **各県の個性が光る郷土料理が**

ミラノは別格な雰囲気がある町だ。16世記半ばから他国の統治下に置かれ翻弄されたが、19世記には息を吹き返し、繊維業や工業を中心に発展し続けてきた。そして、多くのファッションデザイナーがこの町に集まり、今やイタリアファッションの発信地として世界にその名を知らしめている。

そんなミラノがあるロンバルディア州には12の県があり、各県には個性に富んだ郷土料理が受け継がれている。

マントヴァのように貴族のゴンザーガ家が食文化を豊かにした県もあれば、パダナ平原が近い県では大規模な畜産農家が営まれており、上質な食肉やバターをぜいたくに使った料理が根づいている。また、山々から流れる水が、各地にいくつもの湖を作り、そこでは

ヴァルテリーナ地方の風景

蛙や淡水魚が郷土料理として食べられるようになった。

一方、北部の山岳部、ヴァルテリーナ地方では蕎麦の実を栽培しており、濃厚なチーズと一緒に調理した蕎麦粉料理が賞味できる。ミラノをはじめとして、想像もできなかった郷土料理がロンバルディア州では脈々と受け継がれている。

## ミラノのメネギーナ料理は迫力満点

金髪の髪をなびかせ、エレガントに町を歩く女性とすれ違うと、思わずその美しさに見惚れてしまう。しかし、ミラノの郷土料理は「あの女性がこんな料理を食べるの?」と思わずつぶやいてしまうほどのボリュームだ。

実はミラノ市民は、大衆芝居の召し使いの役柄にちなみ「メネギーノ」という愛称を持つが、ミラノ料理は「メネギーナ料理」と呼ばれている。ミラノの郷土料理は豚や牛の骨付き肉をドーンと大盛りにしたものが多い。

どの皿もボリューム満点で豪快なのがミラノの郷土料理、メネギーナ。

カソエウラ。ミラノのみならず、ロンバルディア州一帯で食べられている煮込み料理。じっくり時間をかけて作るのがミラノ料理の特徴。

コストレッタ・アッラ・ミラネーゼ。皿からはみ出さんばかりの大きさが醍醐味。バターでじっくり焼き上げ、レモンをかけないでいただくのが正統派。

　その一つが豚のあばら肉と皮、豚足、ソーセージを縮みキャベツと2時間近くも煮込んだ「カソエウラ」だ。冬のミラノは厳しい寒さに見舞われる。台所に大鍋をかけて肉や野菜をコトコト煮込むと暖房いらず。家族が集まり暖を取りながら、料理が皿に盛られるのを今か今かと首を長くして、待っていたのだという。その昔、冬のミラノのどこの家庭でも見られる光景だった。

　骨付き仔牛のカツレツもかなりダイナミック。「コストレッタ・アッラ・ミラネーゼ」は300グラム相当の肉を叩いて薄く延ばし、卵とパン粉をつけてバターでじっくりと焼いたもの。あまりの大きさに食べ切れるか心配になり、レモンを一絞り…と思ったが、ミラノのカツレツはウィーンの仔牛のカツレツ、ウィンナーシュニッツェルとは違い、レモンは禁物なのだとか。

　イタリアのパン粉は日本のものより細かいのでバターで焼いても衣が重くならない。食べ始めてみると肉が薄いので意外とさっぱりいただけた。料理を見て思わずうなってしまったのが、仔牛のすね肉の煮込みの「オッソブーコ・アッラ・ミラネーゼ」。骨付きすね肉を香味野菜、白ワインで煮込み、アンチョビー、レモンの皮、パセリ

オッソブーコ・アッラ・ミラネーゼ。煮込むうちに骨の髄がとけ出し、でき上がったときには穴の空いた骨が残るので、それがメニュー名となった。

を加えて味にアクセントをつけた料理だ。しかし、この料理の隠し味は骨から煮汁にしみ出る骨髄だ。「オッソブーコ」とはイタリア語で"穴のある骨"の意味。煮込んでいるうちに骨髄がなくなり、骨にポッカリと穴が空くのだ。じっくり煮込んだすね肉は、ナイフを入れるとスッと骨から外れる柔らかさ。

そして、この料理の付け合わせは鮮やかな黄色のミラノ風のリゾット。ミラノではこのリゾット

リゾット・アッラ・ミラネーゼ。見た目はシンプルなリゾットだが、おいしく作るのには熟練の腕がいる。家庭によっては仔牛の髄を隠し味に入れるところがある。

が作れるようになってようやく一人前だといわれているほど、調理法にこだわりを持つ。米は粒が大きく、澱粉質が少ないカルナローリ種が一番だという。リゾットは米粒の締まり具合と艶が命。水分の吸収が良い米を選ぶ必要があるのだ。色鮮やかでさわやかな風味なのは仕上げにサフランを入れるから。

娘が嫁ぐときにリゾット作りのノウハウを書いたレシピ帳を渡す家庭もあると聞き、リゾット作りの難しさを改めて知るに至った。

## ヴァルテリーナ地方の名物蕎麦粉料理

ミラノの北部に広がるのがヴァルテリーナ地方。ここはロンバルディア州の最北の地、標高2000メートル級の山が連なり、近くを流れるアッダ川からの水が地方の農産物を滋味豊かにしている。

そして、この地方のソンドゥリオ県では山の傾斜地で蕎麦の実が栽培されているのだ。

急斜面に作られた畑では、ぶどうや蕎麦の実が栽培されている。

イタリア語で蕎麦は"グラーノ・サラチェーノ"（サラセン人、もしくはイスラム教徒の小麦）と呼ばれている。蕎麦の実は、どうやら9世紀から10世紀頃にサラセン人によりプロヴァンスへ持ち込まれたようだ。その後、プロヴァンスがこの地方へ侵略してきた際に、蕎麦の実を置き土産にしたのではないかと伝わる。イタリア風の蕎麦粉料理とはいったいどんなものなのだろうか。食べる前から期待で胸が膨らんだ。

蕎麦粉のパスタ、「ピッツォッケリ」は幅が1センチで長さが5センチほどで、蕎麦粉と小麦粉の割合は、半々、または七対三の平打ち麺だ。このパスタを使った料理も「ピッツォッケリ」と呼ばれる。キャベツ、じゃがいもなどと一緒にゆでて、さらにチーズと混ぜ合わせ、にんにくと玉ねぎのスライスをバターで炒めてトッピングするという凝りよう。そして、蕎麦粉のパスタをさらにおいしくしているのは、地方のチーズ、ヴァルテリーナ・カゼーラ。牛の半脱脂乳から作られるチーズだが干し草のような香りで、まるでドライフルーツのような味がする。このチーズのルーツは1500年代にさかのぼるというから、どれだけ郷土の料理に必要とされてきたかが分かる。蕎麦を使っていてもカロリーはかなり高め、濃厚なパスタ料理

ピッツォッケリ。日本の蕎麦と違って、チーズやバターがたっぷり使われる濃厚な一皿。

だ。パスタとからみ、とろけるチーズのフルーティな味わいでフォークが進んだのはいうまでもない。

　揚げた蕎麦粉料理の形がまるでヒキガエルのようなので、方言で「シャットゥ」（ヒキガエル）と名づけられた料理がある。

　この料理にはイタリアが誇る蒸留酒、香りの良いグラッパが欠かせな

い。グラッパと炭酸水、小麦粉、蕎麦粉でフリットの衣を作り、2センチ角に切ったヴァルテリーナ・カゼーラを衣にくぐらせて、オリーブオイルやひまわり油で揚げたものだ。衣は柔らかめだが、やや粘り気がある。衣がからむチーズをスプーンですくって揚げると、ずんぐりとお尻が膨らむ形になるので、ちょっと不名誉な名前で呼ばれるようになった。しかし、そのお味は極上。熱々を頬張ると中からトロリとチーズがはみ出し、また、ほのかにグラッパが香り、一つ、また一つと食べ続けてしまった。

　イタリア各地で地方のご自慢チーズを賞味してきた私だが、このチーズに魅せられて絶賛すると、チーズの醍醐味を楽しめる料理を作ってくれた。

　それは、じゃがいも、いんげんを粗めのピューレにしてバターで炒めた玉ねぎとヴァルテリーナ・カゼーラの角切りを層状に重ねて、オーブンで焼いた家庭料理の「タロッツ」。野菜のピューレとチーズが渾然一体となり、口の中でとろけていく食感がたまらない。山岳地方の家庭の味は、優しい味わいの忘れがたいものだった。地方のリストランテでも食べられる料理なので、ぜひ味わって頂きたい一皿だ。

トルテッリ・ディ・ズッカ。ルネッサンス期に宮廷の味に姿を変えた。今なおマントヴァの家庭で日曜日のごちそうの座を占める。

## マントヴァ領主、ゴンザーガ家の
## パスタと湖で捕れる蛙料理

　ミラノから東へ200キロ足らずの所にあるマントヴァは、ガルダ湖へつながるミンチョ川の水を引いた3つの人工湖がある町だ。中でも一番大きな湖、インフェリオーレ湖越しに見る旧市街の美しさには息を呑む。そして、ルネッサンス期のマントヴァはゴンザーガ家が領主であったが、当時、ほかの領主と競うように贅を凝らした大宴会が繰り広げられていたという。

　甘い食材と塩味のものを一皿にするのはルネッサンス期が発祥といわれているが、この町の郷土料理に残る、南瓜の詰め物のパスタ、「トルテッリ・ディ・ズッカ」はその一つだ。元はシンプルな南瓜のパスタだったものに、高価な香辛料の黒こしょうやナツメグ、りんごの砂糖漬けや甘いアーモンドのお菓子が詰め物に加えられ、ゴンザーガ家の宴会に花を添えていたようなのだ。3センチ角の詰め物パスタをおいしく作るコツは、南瓜をオーブンで焼いて水分を飛ばし濃縮すること。仕上げに粉チーズをかけていただくのだが、甘くネットリした詰め物パスタはとてもリッチな味わい。現在では家族が一同に集まる日曜日のごちそうとして親しまれている。

マントヴァ、インフェリオーレ湖

マントヴァの郷土料理の一つ、蛙料理。ちなみにフランスでは足しか使わないのだとか。

フリッタータ・ディ・ラーネ。蛙の肉やズッキーニがたっぷり入ったイタリア風オムレツ。蛙の肉は卵に包まれるとふんわりする。

　また、マントヴァのもう一つの名物料理は、蛙料理。蛙の胴と足を食材にしている。近年では湖の蛙が少なくなってしまったが、ラナイ（蛙とり）という言葉があるほどで、庶民の貴重なたんぱく源だった時代が長かった。そんな蛙料理は意外とシンプルでフリットにしたり、イタリア風オムレツの「フリッタータ・ディ・ラーネ」にしたり。

　ズッキーニを入れた大きな蛙のオムレツは、ナイフで切ると黄色い卵に包まれた、緑の野菜と白い肉のコントラストが食欲をそそった。

## ジビエの里の野鳥料理と フランチャコルタの発泡酒

　イゼオ湖のあるブレッシャ県はミラノから東へ車で1時間余り。この県にはロンバルディア州が世界に誇る発泡酒の里、フランチャコルタがあり昨今では希少になった野鳥の料理が楽しめる。

イゼオ湖

フランチャコルタの風景。

フランチャコルタのワイナリーはホテルレストランも営むところがある。宿泊して郷土料理と発泡酒が楽しめるのが嬉しい。

日本のファンも多いフランチャコルタの銘醸発泡酒。

　イタリア語で発泡酒は「スプマンテ」というが、フランチャコルタでは品質の高さからこの町で造られる発泡酒を「フランチャコルタ」と呼ぶことを譲らない。フランスでシャンパン造りを学んだ、グイド・ベルルッキが「ピノ・ディ・フランチャコルタ」で高い評価を得たことが今に繋がったのだ。

　そんな発泡酒のグラスに合わせたのは、ひばりのオーブン焼き「ポレンタ・エ・オゼイ」。野鳥の腹にはネズの実やサルビア、ラードを詰めて野趣を和らげ身をふくよかにしている。とうもろこしのポレンタをベッドに、数羽のひばりがこんがり焼かれて並んでいるのを見た時はちょっと驚いた。しかし、フランチャコルタと一緒に賞味すると、野鳥の滋味が口の中でじわりと広がった。つぐみやすずめも「ポレンタ・エ・オゼイ」として料理されている。ジビエには赤ワインと思い込んでいた私だが、野鳥は発泡酒といいマリアージュをすると知り、引き出しが一つ増えた思いだった。

ポレンタ・エ・オゼイ。とうもろこしのポレンタと野鳥のオーブン焼き。

# Lombardia ロンバルディア州

リストランテのメニュー選びにおすすめの料理

## Antipasto 前菜

### *Nervetti*
#### ネルヴェッティ

仔牛の足や膝を長時間煮込み、できたゼラ
チン質を固め、さらに薄切りにした玉ねぎ、
セロリ、にんじんなどのスライスを和えて
オリーブオイルで味つけしたもの。

## Primo piatto 第一皿

### *Risotto alla milanese*
#### リゾット・アッラ・ミラネーゼ

サフランで風味をつけたミラノ風のリゾット（P51）。

### *Pizzoccheri*
#### ピッツォッケリ

蕎麦粉と小麦粉で作ったパスタをキャベツ、じゃがいもなどと
ゆでてヴァルテリーナ・カゼーラのチーズをからめ、バター
で炒めたにんにく、玉ねぎをトッピングしたもの（P52）。

### *Tarozz*
#### タロッツ

じゃがいも、いんげんのピュレとバターで炒めた玉ねぎ、ヴァ
ルテリーナ・カゼーラのチーズを重ねてオーブンで焼いたも
の（P53）。

### *Tortelli di zucca*
#### トルテッリ・ディ・ズッカ

マントヴァ種の南瓜と甘いアーモンド
のお菓子などで具を作り、手打ちパス
タの生地に詰めたもの。形はラビオリ
と似ている（P54）。

### *Polenta taragna*
#### ポレンタ・タラニャ

蕎麦粉で作ったポレンタにフォンテーナ
などのチーズを添えたもの。

### *Casoncelli*
#### カゾンチェッリ

チーズやサラミ、またアーモンドのお菓子
などを具にしたキャラメルを紙に包んだよ
うな形の詰め物パスタ。

## Secondo piatto 第二皿

### *Cassoeula*
#### カソエウラ

豚のあばら肉や皮、豚足、ソーセージなどを縮みキャベツと
一緒に煮込んだもの（P50）。

### *Costoletta alla milanese*
#### コストレッタ・アッラ・ミラネーゼ

骨付き仔牛をバターでじっくり焼いたミラノ風カツレツ
（P50）。

### *Ossobuco alla milanese*
#### オッソブーコ・アッラ・ミラネーゼ

骨付き仔牛のすね肉を香味野菜などとじっくり煮込んだミラ
ノ風の煮込み（P50）。

### *Sciatt*
#### シャットゥ

蕎麦粉に水と炭酸水、グラッパを加えて衣を作り、チーズを
くぐらせて揚げたチーズのフリット（P53）。

### *Rane fritte*
#### ラーネ・フリッテ

蛙の胴と足をフリットにし
たもの。

### *Frittata di rane*
#### フリッタータ・ディ・ラーネ

蛙の肉とズッキーニを具にしたイタリア風オムレツ（P55）。

### *Polenta e osei*
#### ポレンタ・エ・オゼイ

ひばり、つぐみ、すずめなどの野鳥の腹にネズの実やラード、
香草のサルビアを詰めてオーブンで焼いたものに、とうもろ
こしのポレンタを付け合わせた料理（P56）。

ナポリのお菓子屋

# Campania

カンパーニア州

## ピッツァのイメージがくつがえる

イタリアの南部に位置し、ティレニア海沿岸にある州。州都はナポリ。
ナポリのピッツァは頬っぺたが落ちるような味わい。

ヴェスヴィオ火山

ナポリの旧市街は、道でもバールでも露天
市場でもいつも人々の会話にあふれている。

ナポリの町

# ヴェスヴィオ火山の産物、
# ミニトマトと赤色ずくめのナポリ料理

　ナポリへ行き、旧市街のカオスの中に身を置くと知らぬ間にテンションが上がっている。人も町も活気に満ちあふれているからだ。市街地が広がるナポリ湾岸の端には天気に恵まれるとヴェスヴィオ火山が顔をのぞかせ、幾度もの噴火と惨劇をもたらした火山であっても、その姿にしばし心を奪われる。

　古代ギリシャの植民地に起源を持つナポリは、古代ローマ帝国の支配下に置かれたが、紀元79年に起きたヴェスヴィオ火山の大噴火でポンペイをはじめとする町が溶岩の下に埋まってしまった。暴れん坊の火山には近年まで手を焼かされた。

　しかし、ヴェスヴィオ火山の麓（ふもと）では地質の恩恵で、小さいけれど極上のトマトが栽培されている。ミニトマトの名前は「ヴェスヴィオ火山のピエンノーロ種」。

一つが30ｇほど。皮が厚いので日持ちするのが特徴で、軒に吊るしておけば冬まで食べられるという。

　クリスマスの飾りやキリスト誕生をミニチュアで物語ったプレゼピオ（イエス・キリストの誕生をかたどった模型）にも見られる、この州で最も古い農作物だといわれている。カンパーニア州はサン・マルツァーノ種などトマトの産地として誉れ高いが、小さくても味がギュッと濃縮されたピエンノーロ種は別名ヴェスヴィアーノと呼ばれ、料理の味をさらに引き上げる。同じ面積でも通常のトマトの半分しか収穫できないミニトマトは、ぶどうの房のような形に縄で結わえて陰干しする。そうして、20％ほどの水分を除くことで格別な味わいに仕上がるのだ。

　丹精込めて作られたピエンノーロ種トマトは甘味と酸味のバランスが実に良い。火山地域の郷土料理は、このトマトが命なのでレシピを聞いても家でおいしく作れないのがとても残念だ。

　ヴェスヴィオ風のスパゲッティは、くるみや松の実、黒オリーブにピエ

ヴェスヴィオ風スパゲッティ

デンティチェ・アクアパッツァ。素朴な漁師料理が発祥。

ンノーロ種トマトを加えたもの。ミニトマトは皮がやや厚めなので、木の実
やオリーブとハーモニーがいい。実は以前、ナポリの友人宅でピエンノー
ロ種トマトだけのシンプルなパスタをいただき、トマトだけの方がいいの
では…と思ったのだが、プロの知恵と技に感服させられた味わいだった。

　ヨーロッパキダイとミニトマトの「デンティチェ・アクアパッツァ」は
ちょっと垢抜けた盛りつけ。アクアパッツァは、魚の料理法をさす言葉だ
が、にんにく、トマト、オリーブオイル、水を使うことが原則。発祥は漁
師料理で、昔は海水を使っていたという。アクアパッツァは、日本のイタ
リアンレストランでもよく見かけるメニューだが、カンパーニア州では基

バッカラ・アッラ・ナポリターナ

ナポリ料理、またカンパーニア州の料理に欠かせないのがサン・マルツァーノ種のトマト。

本を守りながらもレシピに工夫を凝らして古くから伝わる郷土料理を今に伝えている。

ナポリ風の塩だら料理「バッカラ・アッラ・ナポリターナ」は野生のケイパーがいいアクセントで、ミニトマトがふんだんに使われ、いかにも南イタリアらしい一品。

そして、カンパーニア州のトマトの王様といえばサン・マルツァーノ種。オリジナルはサレルノ県のサン・マルツァーノ・スル・サルノで栽培されるようになった。希少なトマトで指定された地域、栽培法を厳守するD.O.P.に認証されている。このトマトの種は1770年にペルー副王からナポリ王に贈られたと伝わる。すっきりとした酸味があり、水分や種が少ないのが特徴で湯むきトマトにして使用される。昨今ではオリジナル種が希少になったと嘆かれるが、パスタや煮込み料理などのナポリ料理に欠かせない。

たこのルチアーナ風トマト煮込み、「ポルポ・アッラ・ルチアーナ」はナポリの食堂の定番メニュー。

ポルポ・アッラ・ルチアーナ。非常に柔らかく、白ワインが進む。

海岸沿いを歩くとおのずと目に入るのが卵城と呼ばれるノルマン王ル<ruby>卵城<rt>たまごじょう</rt></ruby>
ジェーロ二世によって築かれた<ruby>要塞<rt>ようさい</rt></ruby>だ。その左手には魚介料理の専門店が
軒を連ねるサンタ・ルチア地区がある。その昔、波止場ではゆでだこを売
る屋台が地元民の人気を集めていた。それ以来、トマトを使ったたこ料理
がルチアーナ風と呼ばれるようになった。豪快なたこ料理はナイフがスッ
と入るほど柔らかい。家庭の食卓にも上がる料理で、ナポリの魚屋ではた
こを叩いて繊維を柔らかくして主婦の手間を省いてくれるのだという。

　また、不思議な名前のレシピに目がとまった。ナポリ料理にはつき物の
トマトの影が薄く、ナポリ料理なのに「ジェノヴェーゼ」（ジェノヴァ人）
と名づけられた料理があったのだ。調べてみると諸説あるので、その一つ
をご紹介しよう。

　サンタ・ルチア地区は今でこそ、リストランテが立ち並ぶが、アラゴン
家統治時代の15世紀頃は船員達が立ち寄る安酒場が集まっていた。そこで
は牛や豚の肉と一緒に大量の玉ねぎ、トマトペースト、そして香草の月桂
樹やバジルを加えて煮込み、ワインの当てとして、またパスタにからめて
出していた。ジェノヴァ出身の船員が来ると、バジルの効いた郷土料理を
懐かしみ、このメニューをとても喜んだという。それで「ジェノヴァ人」
というメニュー名が生まれたというのだ。トマト料理を満喫したら、こん
な料理も悪くない。

ペンネ・アッラ・ジェノ
ヴェーゼ。肉を香味野菜
と玉ねぎで煮込んだソー
スとペンネを和えた一皿。
バジルはジェノヴァの特
産物なので、メニュー名
の由来の一つとなった
といわれている。

# 貴族に愛された米料理とパスタ料理

　ナポリにはまるでケーキのような形のパスタや米料理がある。18世紀から19世紀、貴族の料理人がこぞって腕によりをかけ主人を喜ばせたといわれるのが米料理の「サルトゥ・ディ・リーゾ」。

　豚と牛の肉、豚の皮や腸詰めを赤ワインとトマトピューレで煮込んだナポリ風のラグーソースでリゾットを作り、ケーキ型に入れてグリーンピースやチーズ、ミートボール、きのこなどを詰め込みオーブンで焼いた料理。材料を見ただけでもお腹がいっぱいになりそうな貴族料理だ。

　また、パスタに同じような具材を詰めたのがマカロニの「ティンパノ」（またはティンバッロ）。米料理と違うのはゆでたパスタにトマトソースをからめるところ。また、型にパイ生地を敷いて大きなパスタパイにするなど、バリエーションに富んでいる。「ティンパノ」と呼ばれる由来は鉢形の打楽器、ティンパニのような型を使うことによる。

ティンパノ。
作りおきができる。
冷めてもおいしい。

　この二つの料理は誕生日などの祝い事やおもてなし料理として現在ではカンパーニア州一帯で食べられている。熱々もいいが冷めたものをいただいてみたら、それもまた悪くない。パスタ料理は熱いうちに素早く食べるものと思っていただけに、私にとっては斬新な一皿だった。

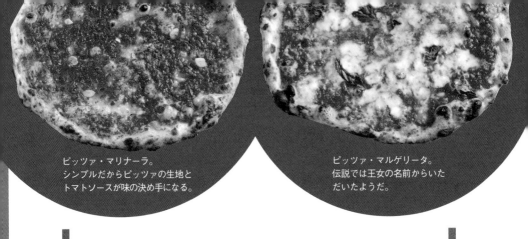

ピッツァ・マリナーラ。
シンプルだからピッツァの生地と
トマトソースが味の決め手になる。

ピッツァ・マルゲリータ。
伝説では王女の名前からいた
だいたようだ。

## ナポリピッツァと
## ボリュミーなナポリのスナック

　ナポリで初めてピッツァを食べた時の感激はいまだに忘れられない。フィレンツェに住み始めて半年ほどのことだった。「それまで食べていたものは何だったの?」と思うほど、頬っぺたが落ちるような味わいだったからだ。

　2004年、EUにより伝統的なピッツァへの保証制度が制定され、昔ながらの作り方を守っているものだけがナポリピッツァと認められるようになった。ピッツァの生地は小麦粉にビール酵母を使い、二度発酵させることや手で生地を丸く延ばし、真ん中は3ミリ、縁は2〜3センチの厚さにすることが定められたのだ。

　そして、正統派ナポリピッツァのお店はメニューに2種類のピッツァしか載せていない。その一つが船乗りを意味する「マリナーラ」。生地にトマトソースを塗り、にんにくの薄切りと香草のオレガノを乗せて焼いただけのシンプルなもの。

　もう一つが世界的にナポリピッツァの名を知らしめた「マルゲリータ」。生地に細かくくだいた湯むきトマト、または生のトマトを敷いて、アペニン山脈南部の牛のフレッシュチーズかまたはカンパーニア州で作られた水牛のモッツァレッラチーズとバジルの葉を乗せて焼いたものだ。私は断然、糸を引くトロトロチーズとトマトとバジルが絶妙な「マルゲリータ」派だ。

　ピッツァのおいしさはもちろんだが、名前の伝説を知り、ますますファンになった。1889年のこと、当時イタリアを統治していたサヴォイア家のマルゲリータ王女にピッツァ職人のラファエッレが三種類のピッツァを献

フリッターティーナ・ディ・マッケローニ

ピッツァ・フリッタ

町のお菓子屋さんのショーケースに並んだスナックたち。

上しに宮殿へ赴いたという。一つは上にチーズとバジルの葉を乗せてオリーブオイルをかけたもの、もう一つは白魚をトッピングしたもの、そして最後が現在も残る「マルゲリータ」だった。

　マルゲリータ王女がトマトとチーズがたっぷりのピッツァをとても気に入られたので、カラフルでバジルが香るピッツァは光栄なる「マルゲリータ」の名前を冠したのだというもの。

　そしてナポリにはピッツァ以外に見逃せない町のスナックがある。日本の調理パンに似たものだが、ナポリ風はカロリー満点。薄甘いタルト生地に塩味のリコッタチーズを詰めたものやベシャメルソースで和えたマカロニを詰めてフライにした「フリッターティーナ・ディ・マッケローニ」。半月型に閉じたピッツァのカルツォーネにリコッタチーズを詰めて揚げたピッツァ・フリッタ。

　どれもナポリならではの味わいだ。町歩きの途中で大きなお菓子屋さんを見つけたら、ぜひご賞味頂きたい。海を見ながらお昼ごはんにナポリのスナックを味わうのも一案だ。

## イスキア島の自然に育まれた アナウサギは島のご自慢料理

　ナポリ湾に浮かぶのが面積46㎢ほどのイスキア島。島の東端、海の断崖には紀元前5世紀に植民都市を築いた古代ギリシャ人の砦（とりで）だったものを15世紀にアラゴン家が改修したアラゴン城がそびえ立つ。

　また、海にまで湧き出る天然温泉が人気の島でもある。ナポリ湾から高

イスキア島

アラゴン城

コニーリョ・ディ・フォッサ・アッリスキターナ。イスキア島の名物アナウサギ料理。

速船で1時間ほどの距離なので、日帰りも可能だし、この島に夏の別荘を持つナポリ人も多い。そして、この島を訪れる人のもう一つのお目当ては、大きなにんにくを丸ごと入れてじっくりと煮込んだアナウサギの料理。イスキアは火山のある緑あふれる島だ。そのためウサギが餌にする木の実が豊富で、これに目をつけた島民は、家畜のウサギを放って自然の恵みを利用することにしたのだという。アナウサギは森の地中に縦横無尽に穴を掘り天敵の目をかすめて穴から姿を現し、木の実を餌にして育っていく。このアナウサギ料理が、島を代表する郷土料理イスキア風の「コニーリョ・ディ・フォッサ・アッリスキターナ」だ。

2キロほどに成長したアナウサギから1キロほどの肉が取れる。身を切り分け、たっぷりのオイルとにんにくで炒めたら白ワインを豪快に注ぎ、ミニトマトと島に群生するタイムやマジョラムを入れて煮込んだもの。

ウサギの姿を見た後だったので、ちょっと気が引けてしまったが、"コッチョ"(陶器鍋)から立ち上るおいしそうな香りに勝てず、食べてみるとふくよかで繊細な味わいにうっとり。ウサギの肉は消化が良いと聞き、しっかり完食させていただいた。ウサギ料理はイタリアの各地で食べられているが、アナウサギはまさに自然食。イスキア島は本土のように食材に恵まれていないが、島民は活力にあふれ、親切で陽気だ。紺碧の海に囲まれ、まばゆい太陽の下、体に優しい料理を食べてきたからに違いない。

イスキア島の島民は、自然あふれる島で暮らしているからか、おおらかでとても親切。

# Campania カンパーニア州

リストランテのメニュー選びにおすすめの料理

## Antipasto　前菜

### *Polpo alla Luciana*

**ポルポ・アッラ・ルチアーナ**

オリーブの実、にんにく、香草を詰めたたこ一杯丸ごとを炒め、ミニトマトを煮た鍋に加えて一緒に煮込んだもの。（メイン料理のメニューとして出す店もある）（P61）。

### *Caprese di mozzarella di bufala*

**カプレーゼ・ディ・モッツァレッラ・ディ・ブッファラ**

水牛のモッツァレッラチーズとトマトをスライスしてバジルを散らし、オリーブオイル、こしょうをかけたもの。

## Primo piatto　第一皿

### *Spaghetti alla vesuviana con pomodorini del piennolo, noci, olive e pinoli*

**ヴェスヴィオ風スパゲッティ／スパゲッティ・アッラ・ヴェスヴィアーナ・コン・ポモドリーニ・デル・ピエンノーロ、ノーチ、オリーヴェ・エ・ピノーリ**

スパゲッティをピエンノーロ種のミニトマトソースで和え、くるみ、黒オリーブ、松の実をトッピングしたパスタ料理（P60）。

### *Penne alla Genovese*

**ペンネ・アッラ・ジェノヴェーゼ**

大量の玉ねぎにトマトペースト、月桂樹を加えて煮込み、バジルの葉を散らして香り風味をつけたパスタ料理（P62）。

### *Sartù di riso*

**サルトゥ・ディ・リーゾ**

ナポリ風のラグーソースでリゾットを作り、グリーンピースやミートボール、ゆで卵などの具を詰めてケーキ型に入れてオーブンで焼いたもの（P63）。

### *Timpano* または *Timballo*

**ティンパノまたはティンバッロ**

トマトソースで和えたパスタにたくさんの具を加え、打楽器のティンパニに似た型に入れてオーブンで焼いたもの（P63）。

### *Pizza Marinara*

**ピッツァ・マリナーラ**

トマトソース、にんにく、オレガノだけのシンプルなピッツァ（P64）。

### *Pizza Margherita*

**ピッツァ・マルゲリータ**

湯むきトマト、または細かく切った生のトマトとモッツァレッラチーズ、バジルの葉を具にしたピッツァ（P64）。

## Secondo piatto　第二皿

### *Dentice acquapazza*

**デンティチェ・アクアパッツァ**

黒オリーブ、にんにく、ピエンノーロ種のミニトマトをオリーブオイルで炒め、水を加えてヨーロッパキダイを煮込み、魚に火が通ったら取り出し、魚を皿に盛り付け、煮詰めた煮汁をソースにしてかけたもの（P60）。

### *Baccalà alla Napoletana*

**バッカラ・アッラ・ナポリターナ**

水にさらし、塩抜きした塩だらとピエンノーロ種のミニトマト、黒オリーブ、ケイパーを一緒に煮込んだもの（P60）。

### *Coniglio di fossa all'ischitana*

**コニーリョ・ディ・フォッサ・アッリスキターナ**

アナウサギを丸ごとのにんにく、ミニトマトと一緒に煮込み白ワイン、香草で風味をつけたもの（P66）。

古代ギリシャ神殿（エルコーレ神殿）

# Sicilia

シチリア島

## 海の恵みを存分に楽しむ島

イタリアの西南の地中海に位置する地中海最大の島。州都はパレルモ。
庶民の工夫で生まれた海の幸が際立つとびきりの郷土料理。

## 占領国の影響で多彩な料理へ姿を
## 変えた山海の幸

　シチリア島は三つの水域を持っており、東洋と西洋を結ぶあらゆる海路はシチリア沖で交差している。地中海の中継点という立地から、経済の中心が古代ギリシャにある時も、古代ローマやアラブ世界にある時も、その力の絶頂期においてシチリア島が必要だった。

　島の豊かな農作物に目をつけた古代ローマ軍は264年からカルタゴと第一次ポエニ戦争を始める。そして、カルタゴを破りシチリア島を属領とし、ローマ市民の腹を満たすために島で小麦をはじめとする穀物や野菜などを作り、ローマへ運んだと伝わる。その後9世紀のアラブ支配に続き、多くの国がこの島を支配下においた。その足跡は島に残る教会などの建造物に、島民の気質に、そして島の食文化に大きな影響を与えている。

　地中海性気候の恩恵でシチリア島の野菜や果物は味がギュッと詰まって濃く、のびのびと育つ家畜は美味だ。

　食材があまりにおいしいので私はたちまち虜になり、シチリア島に3年余り暮らした。アパルタメントの階下に売りに来る朝捕りの魚を買って、刺身にして食べてい

シチリア島、エガディ諸島の風景

シチリアの野菜
ペペロンチーノ

ロングズッキーニ

伝統的なまぐろ漁のマッタンツァ。まぐろの習性を利用していくつもの網の部屋へ追い込み、屈強な漁師が大きな銛で100キロ以上のまぐろを突いて引き揚げていた。今は見られなくなってしまったのでとても残念だ。

たことを思い出す。そんなシチリア島の滋味あふれる郷土料理は語りつくせないほどあるが、まずは西岸の町、トラパニのまぐろを使った料理からお伝えしよう。

# まぐろづくしの町トラパニ

　ティレニア海に面する西岸の町、トラパニには活気あふれる魚市場があり、この市場からはイタリア全土に魚が出荷されている。また、トラパニからフェリーで1時間ほどのところにあるエガディ諸島の近海は、大西洋黒まぐろの回遊域。春になるとまぐろの群れがはるかジブラルタル海峡を越えて、産卵のためにやってくる。そんなまぐろを仕留めようと、1800年頃から伝統漁法に基づいたまぐろ漁"マッタンツァ"が行われていた。

　現在のシチリア島において、伝統漁法を行うにはかなりの費用がかかるので、2007年を最後にその幕を閉じたが、まぐろを使った料理は健在だ。島では、まぐろを余すところなく食べている。卵を塩漬けにしたからすみ、脂の乗った身の干物、背骨あたりの売り物にならない部分はサラミにして

アンティパスト・ボッタルガ・モッシャーメ・フィカッツァ。まぐろ漁が盛んなトラパニではまぐろを余すことなく食べる。

まぐろの卵で作ったからすみ。

「アンティパスト・ボッタルガ・モッシャーメ・フィカッツァ」の前菜にする。

　まぐろのからすみは、ぼらのものと比べると塩加減が強く、味も色もじっくりと濃いが、前菜はもとより、削ってパスタと和えて食されている。

　また、渦巻き状のパスタ、「ブジアーテ」はトラパニで生まれた、見るだけでも楽しくなってしまうロングパスタ。昔は水辺に生える葦（あし）の仲間の植物、「ブージ」の枯れたものに巻きつけて作っていたので、「ブジアーテ」という名で呼ばれるようになった。ブジアーテはその後、イネ科の植物の代わりにレースの編み棒や竹串を利用してシチリア島の家庭で作られるようになった。

　まぐろの身やからすみ、島に群生するケイパーを和えた「ブジアーテ・アル・トンノ・ボッタルガ・エ・カッペリ」は島のバロック建築を彷彿（ほうふつ）させるような華やかさだ。生地が厚いので、パスタはややボッタリしているが、これが濃い味のからすみとマッチする。

　また、イタリア家庭料理に牛のひき肉を材料にしたイタリア風の肉団子があるが、トラパニではまぐろで肉団子を作る。「ポルペッテ・ディ・トンノ」がそれだ。

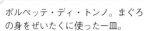

まぐろのたたきにパン粉や松の実、干しぶどう、羊のチーズなどの材料を合わせて団子状に丸めて素揚げし、トマトソースで煮込んだものだ。おいしく作るポイントは、トマトピューレが鮮やかな色合いのうちに火を止めること。これは湯むきトマトやピューレなどの加工品でトマトソースを作る時にトマトの風味を損なわないようにするための基本。ちょっとしたコツを知ると、素材の持ち味を生かした料理に仕上げられるから嬉しい。

アラブ支配期に干しぶどうや松の実がシチリア島へもたらされ、ともすると素材に頼りがちだった島料理は幅を広げた。また、アラブ料理が起源の郷土料理といえば、魚介を使ったクスクス料理の「クスクス・アッラ・トラパネーゼ」。

クスクス・アッラ・トラパネーゼ。トラパニの町ご自慢の一品。

クスクスはデュラム小麦の挽き粉で、北アフリカから中東が発祥の地だ。

イスラム教圏では羊肉で作られることが多いが、シチリア風のクスクス料理は新鮮な魚介類を合わせている。月桂樹を入れた水を少しずつ挽き粉に入れて、手でかき混ぜながら粒状にしていき、オリーブオイルを垂らしてさらにかき混ぜ、底に穴が空いた陶器のクスクス鍋に入れる。

次に赤海老、あさり、墨いか、あんこう、そして小魚などをにんにく、トマト、玉ねぎ、黒こしょうを入れて煮込み、魚介の煮汁で鍋のクスクスを蒸し煮する。皿に盛ったクスクスに魚介を飾りつけて、さらに煮汁をかけていただく。生で食べてもおいしい新鮮な魚介をふんだんに使ったシチリア風のクスクス料理。まぐろ料理に引けを取らない町の名物料理として観光客にも人気だ。

パレルモの町

# パレルモのシンボル、
# うにのパスタは垂涎の一皿

　シチリア島の州都パレルモは、まぐろづくしの町、トラパニから東へ100キロほどの海に面した町。

　イタリア本島と空路で結ばれており、首都のローマからは1時間余りのフライトだ。海辺はもとより、旧市街にも魚介料理の専門店が軒を連ねる。

　そんな町の代名詞になった郷土料理といえば、いわしを使った「パスタ・コン・レ・サルデ」。

　この料理の起源もアラブ占領期だと語り継がれてきた。アラブ軍の将軍が兵士の体調を気遣って、すでに島民が食べていたいわしと野生のフェンネルの葉の料理に、自国で使われている松の実や干しぶどう、サフランを加えた一皿を作らせたのが始まりだといわれている。古代ローマ時代に魚と野生のフェンネルの葉の料理があったといわれており、それが島に伝わったという説があるから、「パスタ・コン・レ・サルデ」は、まさに占領国の足跡がいくつも見られる由緒ある料理だ。イタリアで多く流通しているいわしはかたくちいわしなので、真いわしに比べ身が細く脂が乗っていない。いくら新鮮でもいわし好きの私には物足りなかった。しかし、ある日、旧市街のリストランテで「パスタ・コン・レ・サルデ」を食べてみたらさわやかな風味の中に適度な甘味を感じ、材料の組み合わせの素晴らしさに、まるで明か

パスタ・コン・レ・サルデ。フェンネルの葉の柔らかい先の部分が欠かせない。

サルデ・ア・ベッカフィーコ。
庶民の食に対するこだわりが
ひしひしと感じられる料理だ。

りがさしたような気分になったほどだ。

　また、料理の成り立ちを知ると庶民の知恵に拍手を送りたくなるのが、
「サルデ・ア・ベッカフィーコ」。この料理にもいわし、松の実、干しぶど
うが使われる。

　実は「ベッカフィーコ」とは野鳥のニワムシクイのこと。シチリア貴族
が野鳥を銃で仕留めて、肉に内臓を巻きつけて食べているのを見た庶民は、
それをうらやましくながめていたのだという。そこで知恵を絞り、安価で
手に入るいわしを野鳥に見立て、内臓の代わりに松の実や干しぶどうを腹
に仕込んでみたら、リッチな味の料理に仕上がったというのが発祥だ。「サ
ルデ・ア・ベッカフィーコ」にはオレンジのソースを添える。9世紀に侵

リングイーネ・アイ・リッチ・ディ・
マーレ。このパスタを食べるためにシ
チリア島へ行きたくなるほどの味わい。

略してきたアラブ、イスラム教徒は柑橘類やメロンやさとうきびなども島へ持ち込んだ。

　シチリアのまばゆい太陽は柑橘類を甘く大きく育てるから、島のレモンやオレンジはイタリアでも格別のおいしさ。たわわに実った柑橘類が太陽に反射して光るので、「黄金の窪地」と呼ばれる果樹園があるほどだ。

　そして、シチリア島の海辺へ行ったらぜひ味わって頂きたいのが、うにのパスタの「リングイーネ・アイ・リッチ・ディ・マーレ」。

　ロングパスタのリングイーネにうにを和えただけのシンプルな料理だが、地中海で育ったうにの卵は粒が大きく味が濃い。冷蔵庫の普及していない時代は冬のごちそうだったが、現在では5月から6月にかけての交配期以外なら年間を通して食べられるようになった。イタリア語でうには「海のハリネズミ」と呼ぶが、シチリア島のうにには確かにハリネズミが丸まったような形でまん丸い。パレルモ近郊の海辺で岩場をのぞき込むと、緑や紫がかった色のうにがゴロゴロと岩肌にへばりついている。そして、浜辺や波止場の露店で二つ割りにして、卵がついた殻付きうにが山盛りに売られていることがしばしば。

　それを買って、風味豊かなパンですくって食べる時の嬉しさといったらない。シチリア島へ行くと、うにはとても身近なものになる。

## 農村宿で堪能できるシチリア島の山の恵みとリッチな朝食

　シチリア島の山の恵みを味わうなら山間の農村宿がおすすめだ。州都パレルモから東南東へ内陸部を目指して80キロ余り、ガンジー村の農村宿、「カザーレ・ヴィッラ・ライノー」がその一つ。

　手作り野菜や村の羊飼いが届けるチーズを食材にしてい

イタリア中にあるのがアグリトゥーリスモと呼ばれる農園ホテル。しかし、シチリア島へ行ったら農村宿に泊まるのがおすすめ。山の恵みをふんだんに使った健康的な料理が味わえる。

マッコ・ディ・ファーヴェ。古からの保存食、乾燥空豆から作る滋味豊かなスープ。農村宿の宿泊客に人気のメニューだ。

るので、体に優しい郷土料理が楽しめる。また、宿は山に囲まれた豊かな自然の中にあり、澄んだ空気がもう一つのごちそうだ。そんな環境の中で味わえるのが、野菜を使った島の家庭料理や肉料理の数々。空豆のスープ「マッコ・ディ・ファーヴェ」は、乾燥空豆を2時間以上水に浸けて豆を柔らかくして作るトロミのあるスープ。

　野生のフェンネルがレシピに欠かせないので、身近で手に入る山間の村で古くから食べられてきた。料理の名前にある「マッコ」とは方言で押しつぶすという意味。水に戻した空豆を土鍋に入れたら、豆の3倍量の水を入れて途中で何度も豆を押しつぶしながらコトコト煮込むので、調理法が料理名になった。また、豆が少し柔らかくなってきたら野生のフェンネルの葉を入れてさわやかな香りをつける。スープを皿に盛りつけたらホームメードのパンをトーストしてトッピングし、オリーブオイルをかけていただくのが定番だ。トロリと柔らかく煮込まれたスープはクリーム状でところどころに小さな豆の塊が残る。そのコントラストが口に心地よく、オリーブオイルをかけると豆の風味が引き立ち、お腹にスルスル入っていく。

　また、甘酸っぱい「カポナータ」は揚げたなすと野菜をトマトで煮込んだ前菜で、シチリアのお母さんの味。

カポナータ。シチリア島の家庭の味。家族の好みに合わせてなす以外の野菜が変わる。

マドニア国立公園の麓にあるガン
ジー村には、静かな時が流れている。

　オリーブオイルで素揚げしたなすをベースににんじん、玉ねぎ、セロリ、オリーブの実やケイパーを炒めてワインビネガーと砂糖を加えて甘酸っぱく煮込み、一晩置いて味をなじませてからいただく。この甘酸っぱい味つけは古代ローマ時代から用いられてきた調理法で、ルネッサンス時代には外国渡来の高価な食材にこの味つけがほどこされ新しいメニューが多く生まれた。

　シチリア島ではスペイン領だった頃に庶民の味になった、または船乗りの料理が町で食べられるようになったなど、いくつかの説があるがはっきりとした成り立ちは分かっていない。前菜料理だが、オープンサンドにすると野菜の甘酸っぱいエキスがパンに染み込み、さらなる食欲をそそる。

　そして、山の恵みは野菜料理だけに留まらない。ガンジー村は自然公園に指定されているマドニア高原の麓にある。

　その素晴らしい自然環境で育てられた家畜、とくに豚肉はパスタやメインを滋味あふれる味わいに仕上げている。「マッケローニ・コン・スーゴ・ディ・マイアーレ・サルシッチャ・エ・リコッタ・サラータ」はメニュー名の長さに、「いったい何？」と思われるだろうが、豚の腸詰めと豚肉をトマトピューレで煮込み、ショートパスタに和えたものだ。

　このパスタにかけるチーズは羊のリコッタチーズ「リコッタ・サラータ」。

「リコッタ・サラータ」はリコッタチーズの水分を抜いて海塩をまぶして通常は10日から30日ぐらい熟成させる。

シチリア料理といえばリコッタ・サラータと答えが返るほど、多くの島料理に使われている。腸詰めは豚肉の味わいが際立ち、また豚肉はフォークを入れるとスッとほぐれるほど柔らかい。

パスタ料理に使われていた腸詰めだけを焼いたメイン料理がシチリア風の腸詰めのロースト「サルシッチャ・アッロースト」。

この腸詰めの調理法を初めて見た時は目を丸くした。長い腸詰めを渦巻き状に巻いて丸くし、直径が30センチほどの平たい渦巻き円を竹串で止めて焼き上げるからだ。

また、パレルモのストリートフードとして屋台で見かけるのが、内臓料理の「スティッギョーレ」。これは仔牛の膵臓や腹膜などと小玉ねぎを腸でグルグル巻いて周りにコゲができるほど焼き色を付けたものだ。

材料を聞くと食指が動かない方がいるかもしれないが、こんがり焼けた「スティッギョーレ」は弾力のある歯触りで乙な味。ワインより焼酎のお湯割りが合いそうだと思うのは私だけだろうか。

農村宿の夕食に舌鼓を打ち、お腹がはち切れんばかりになって休んだ翌

リコッタ・サラータは、削ってパスタにかけたり、料理の隠し味に使ったり。島料理になくてはならないチーズだ。

スティッギョーレ。香ばしいパレルモのソウルフード。

サルシッチャ・アッロースト。豚肉の腸詰めをぐるぐる巻きにして焼いたもの。

農村宿は朝ごはんからとてもリッチ。とくに手作りジャムが絶品で、お土産にしたいからと分けていただいた。

日、朝食ルームへ行った私の目の前に夢のような朝ごはんが待っていた。

農村の庭で育った何種類もの果物のジャム、でき立てのリコッタチーズ、コルネット（クロワッサン）にクッキー、そしてミルクに果物のジュースにカフェラッテ。どんな料理もたっぷりなのが、シチリア風のおもてなし。

朝を告げる鳥のさえずりを聞きながら、農村宿のおもてなしを心ゆくまで堪能した。

## シチリア東部のごちそうは 漁師料理とオペラの香り

島の最後のごちそうは東岸の町、カターニア周辺の郷土料理をご紹介したい。カターニアは黒い溶岩と白の石灰石で作られたバロック建築の建物が目立つ町だ。

カターニアの旧市街。

17世紀のこと、35キロほど北にあるエトナ活火山が噴火して町が呑み込まれてしまったので、当時主流だったバロック建築で再建された。そんな町のご自慢パスタは何といってもトマトソースのパスタに揚げたなすを飾りつけたノルマ風のパスタ料理、「パスタ・アッラ・ノルマ」（次頁に掲載）。

カターニアでは素晴らしいことや完璧なことを「ノルマ！」と表現するという。「パスタ・アッラ・ノルマ」という名前の由来はいくつかある。その一つは、パスタが美味なのである喜劇作家が「まるで"ノルマ"だ」と

パスタ・アッラ・ノルマ。赤いトマトと黒いなす、緑のバジルに白いチーズと見た目も美しい。

アルゲ・フリッテ。イタリア中を歩いたが海藻料理にめぐり合ったのはシチリア島だけだ。

言ったというもの。また、オペラ作家のヴィンチェンツォ・ベッリーニがこのパスタを食べた時に、彼のオペラ作品、『ノルマ』にちなみ「まるでノルマのように素晴らしい」と称賛したなどという話が伝えられている。「パスタ・アッラ・ノルマ」はロングパスタのみならずペンネなどのショートパスタでも作られている。ちなみにカターニア周辺ではなすは縦に大きく切り、パレルモ近郊では角切りにして揚げている。なすの切り方一つでパスタの味が変わるので、同じパスタ料理でも地域のこだわりがあることが分かる。

　そうして、この町でイタリアではとても珍しい、故郷、日本を思い出す料理にめぐり合った。何と海藻を使った郷土料理が店のメニューに載っていたのだ。前菜に海藻の素揚げ「アルゲ・フリッテ」が、そして第一皿に海藻のパスタ料理が。

　海藻の素揚げの味つけはオリーブオイルににんにく、そしてワインビネガー。ここはイタリアと考えればうなずける調味料。しかし、海藻を食べることはもとより、知らなければ思いつかない味つけだ。素揚げした海藻は歯触りがシャキシャキ、またワインビネガーの酸味が海藻をさっぱりと食べさせた。次に頼んだパスタ料理が運ばれると、思わず顔がほころんだ。

　平打ち麺のタリアテッレに海藻や殻付きの貝がたっぷりと混ざり合っていたからだ。「タリアテッレ・アルゲ・マリーネ・エ・パテッレ」は海藻と巻貝の一種、パテラとミニトマトが入った漁師料理。

　海の岩場を歩くと潮風が運ぶような香りでいっぱいだった。

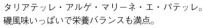

タリアテッレ・アルゲ・マリーネ・エ・パテッレ。磯風味いっぱいで栄養バランスも満点。

# Sicilia シチリア島

## リストランテのメニュー選びにおすすめの料理

## Antipasto 前菜

### Antipasto bottarga mosciame ficazza

**アンテイパスト・ボッタルガ・モッシャーメ・フィカッツァ**

まぐろのからすみ、干物、背骨近くの身を詰めの盛り合わせ。薄切りにしたからすみだけを前菜メニューに載せる店もある（P70）。

### Caponata

**カポナータ**

揚げたなすと野菜をトマトピューレで煮込み、甘酸っぱい味つけに調理したもの（P76）。

### Alghe fritte

**アルゲ・フリッテ**

海藻を素揚げしてオリーブオイル、にんにく、白ワインビネガーで味つけしたもの。シチリア島、東部、カターニアから海辺の漁師町の料理（P80）。

### Arancini

**アランチーニ**

シチリア島のライスコロッケ。前菜のカテゴリーに入っている料理だが、専門店、またはお菓子屋などで売られているので昼食やおやつとしても食べられる。

## Primo piatto 第一皿

### Pasta con le sarde

**パスタ・コン・レ・サルデ**

かたくちいわしに松の実、干しぶどう、サフラン、フェンネルの葉を加えソースを作り、穴あきロングパスタのブカティーニを和えたパスタ料理（P73）。

### Pasta alla norma

**パスタ・アッラ・ノルマ**

トマトソースのパスタに揚げたなすをトッピングして、バジルで香りをつけたもの。ロングパスタ、ショートパスタの両方で作られている（P80）。

### Tagliatelle alghe marine e patelle

**タリアテッレ・アルゲ・マリーネ・エ・パテッレ**

平打ち麺のタリアテッレをミニトマト、巻貝のパテッレ、海藻を入れて味つけしたパスタ料理。巻貝のパテッレをゆでて前菜にする店もある（P80）。

### Cuscus alla trapanese

**クスクス・アッラ・トラバネーゼ**

魚介をふんだんに使ったトラバニ風のクスクス料理（P72）。

### Linguine ai ricci di mare

**リングイーネ・アイ・リッチ・ディ・マーレ**

地中海で育ち滋味豊かなうにをロングパスタのリングイーネと和えたパスタ料理（P74）。

### Macco di fave

**マッコ・ディ・ファーヴェ**

乾燥空豆を水に戻し、フェンネルの葉で香りをつけたスープ。カリッとトーストしたパンをトッピングしていただく（P76）。

### Busiate al tonno bottarga e capperi

**ブジアーテ・アル・トンノ・ボッタルガ・エ・カッペリ**

トラバニ発祥のロングパスタをまぐろの身、からすみ、ケイバーやトマトと和えたもの（P71）。

### Maccheroni con sugo di maiale salsiccia e ricotta salata

**マッケローニ・コン・スーゴ・ディ・マイアーレ・サルシッチャ・エ・リコッタ・サラータ**

豚の腸詰めと豚肉をトマトピューレで煮込み、ショートパスタに和え、チーズのリコッタ・サラータを削りかけたもの（P77）。

## Secondo piatto 第二皿

### Polpette di tonno

**ポルペッテ・ディ・トンノ**

まぐろの身を叩いて、ひき肉状にしてパン粉、松の実、羊のチーズと合わせて肉団子のように丸め素揚げして、トマトソースで煮込んだもの。店によってはトマトソースで煮込まないところもある（P71）。

### Sarde a beccafico

**サルデ・ア・ベッカフィーコ**

松の実や干しぶどうなどをかたくちいわしで巻いてフェンネルの葉と一緒にオーブンで焼き、オレンジソースをかけたもの（P74）。

### Arrosto di tonno

**アッロースト・ディ・トンノ**

トマト、オリーブ、ケイパーをフライパンで炒め生まぐろを加え、火が通ったら一緒に皿に盛り付ける。

### Salsiccia arrosto

**サルシッチャ・アッロースト**

豚肉の長い腸詰めをうず巻き状に巻いてローストしたもの。赤ワインをそそぎフライパンで焼く店もある（P78）。

# Piemonte

ピエモンテ州

## 最後の王家、
## サヴォイア家が治めた州

イタリアの北西部に位置する州。州都はトリノ。
上質な食肉牛とチーズ、銘醸赤ワインが食材とマリアージュ。

ノヴァーラの街並み

バローロ・ワイン

## 王様のチーズと銘醸ワイン

　　冬季オリンピックで知名度を上げたトリノの町は、ピエモンテ州のほぼ
中心に位置するが、その北東部のパダーナ平原では見渡す限りの水田が広
がり稲作が盛んだ。また、南部のランゲ地方ではネッビオーロ種のぶどう
を使った銘醸赤ワイン、バローロをはじめとして上質なワインが名を連ね

ノヴァーラの町郊外の水田

カステルマーニョチーズは、混合乳で作られるセミハードタイプ。D.O.P.に指定されている。

る。海の幸には恵まれないものの、豊かな食材を組み合わせることで極上の郷土料理が生まれ、この州の魅力を不動のものにしてきた。とくに南部のクネオ県で作りはじめ、生産地の名で呼ばれるようになった「カステルマーニョチーズ」の歴史は長い。

13世紀の後半にこのチーズを作っていた羊飼いの借地支払書の文献が残っている。そしてこのチーズ、「王様のチーズ」の別名を持つ。ローマ皇帝のカルロ・マーニョ（カール大帝）が好んだので「王様のチーズ」と呼ばれるようになったという伝説があるのだ。伝説ではあるが、このチーズがいかにおいしいかが分かる話をご紹介したい。

当時のチーズは表面にカビがびっしり。それを嫌ったカール大帝が表面をはがして食べたところ、そばにいた司教が「残念ながら、一番おいしいところを捨てていらっしゃる」と嘆いたようなのだ。そこで王様はチーズを皮ごと食べたところ、そのおいしさに魅了され、その後は大好物になった…というものだ。

そんな逸話が残るカステルマーニョチーズを使ったのが「ニョッキ・アル・カステルマーニョ」（次頁に掲載）。フライパンでバターをとかしたら牛乳とカステルマーニョチーズを入れて混ぜ合わせ、トロミのある白いソースを作り、じゃがいものニョッキにからめる。仕上げにさらにチーズをかけて黒こしょうを一ふりすればでき上がり。ふっくらとゆで上がったニョッキにからみつくソース、口に運ぶと気持ちまで温まり、喉を通る時のソフトな感触がたまらない。濃厚なチーズは牛乳を入れることで柔らかな味わいになる。食べきれないかと思ったが、山盛りのニョッキを余すことなくいただいていた。

「アニョロッティ」はこの州の詰め物パスタのことだ。ピエモンテ州を代

ニョッキ・アル・カステルマーニョ。カステルマーニョチーズをソースにしたニョッキ料理。

アニョロッティ・ダシノ・コン・サルサ・アッラ・バルベーラ。まるで大輪の花のような詰め物パスタ。

表する赤ワインの一つ、バルベーラのソースをかけたのがアニョロッティのバルベーラソースがけ、「アニョロッティ・ダシノ・コン・サルサ・アッラ・バルベーラ」。

　艶のあるソースがパスタを華やかに色づけ、中心に盛られた薄ピンクの角切りソーセージはまるで花弁のよう。パスタの詰め物は香味野菜と炒めたロバの肉だと聞き耳を疑ったが、見た目の美しい料理は味もいい、と私の辞書にあるので期待を込めてフォークを口に運んだ。ワインのバルベーラは熟成が短いものだとブルーベリーやラズベリーなど森のフルーツの香りがする。だからこのワインで作ったソースはフルーティー、そして隠し味に肉汁を入れるので味の深みが増す。ロバ肉の詰め物は臭みがなく、あっさりしていてほのかな甘みを感じるほどで、ソースとの相性は抜群だった。

「アニョロッティ」は南部のランゲ地方へ行くと指でつまんだような形をつけ、「アニョロッティ・アル・プリン」と呼ばれている。「プリン」はデザート

アニョロッティ・アル・プリン。ローズマリーのさわやかな風味が印象的。

ではなく、この地方の方言で「つまむ」の意。このパスタの詰め物は肉に
米やほうれん草だ。同じ州の詰め物パスタでも地方によって具材や味わい
が変わる。

　この州へ来て食べずに帰れないのが、ランゲ地方の赤ワインの王様、バ
ローロを惜しみなく使ったメイン料理の「ブラザート・アル・バローロ」。

ブラザート・アル・バローロ。バローロ
をソースに使った実にぜいたくな一皿。

　現在では州の各地で食べられている。"神父の帽子"と呼ばれる牛の前足
の肩肉を用いる。その昔、神父がかぶっていた三角帽子に部位の形が似て
いるのでこう呼ばれるようになった。肩肉には細い静脈が通っているので、
コトコト煮込むと柔らかくなる。また、「ブラザート」とは鍋に肉を入れて
ふたをしてゆっくり煮込む調理法のこと。スパイスのブーケガルニやロー
ズマリー、香味野菜にワインを注ぎ、肉を漬け込んで10時間前後もマリ
ネーするから、液がジワジワと肉に染み込んでいく。そして、鍋に肉を入
れ、バターで焼き色をつけたらワインのマリネー液を注いで2時間ほど煮
込む。肉が柔らかくなったら、マリネー液に香味野菜を加えて火を通す。
それをミキサーにかけてトロミをつけたものがソースとして使われる。ト
ロトロのソースをたっぷりかけた"神父の帽子"は芳香豊かでとろけるよう
な味わいだ。

カルネ・クルーダ。程よい粘り気があり、甘みがある生肉料理はオリーブ・オイルをかけていただく。

ピエモンテ種の白い牛はクネオ県のブランド牛。脂肪分が少ないが、赤身は味も食感も群を抜いている。

# ぜいたくなゆで肉料理と
# 初代首相が好んだ宮廷料理

　ランゲ地方のクネオ県ではイタリアでも一二を争う味わいの牛、ピエモンテ種が飼育されている。

　赤身は甘みがあってほんのり粘りのある食感で、生肉料理の「カルネ・クルーダ」が郷土の味として食されている。

　しかし、何といってもすごいのが、この牛を一頭使って作るゆで肉。ピエモンテ風のゆで肉の盛り合わせ、「ボリート・ミスト・ピエモンテーゼ」はとてもぜいたくな一品だ。

　タンや鼻や顎、首の前部、前足の筋肉など8種類の部位を香味野菜とゆでて、3種類のソースと粗塩で食べる料理。ソースは緑の野菜をベースにし

ボリート・ミスト・ピエモンテーゼ。一人前に切り分けて皿に並べられるとまるでアートのよう。

たもの、ぶどうを煮た汁に煮りんごやくるみ、こしょうを加えてミキサーにかけたもの、それに由緒あるルネッサンス時代から伝わる蜂蜜とからしのソース。一口大に切ったゆで肉の部位が皿に並ぶ姿は絵を描いたような美しさ。どの部位にどのソースをつけようかと迷うのが楽しい。イタリア各地でゆで肉を味わってきたが、まさに忘れられない一皿となった。

　また、イタリア統一後、初代首相となったカブールの好物だった料理が郷土料理として残る。当時、フロックコートを着るような富裕層にも好まれていたので、「フィナンツィエーラ」（フロックコート）と呼ばれるようになった一皿だ。

フィナンツィエーラ。農民料理にぜいたくな食材が加えられて富裕層の料理に昇格した。

　ベースになる料理は中世からあり、貧しい農民料理だったという。雄鶏のとさかや肉垂、仔牛の脳味噌などの肉以外の素材を使った質素なものだった。それが1800年代に、サヴォイア家がイタリア王国の首都をトリノに置くと、肉はもとより、トリュフやポルチーニ茸などの高価な材料が加えられ、宮廷料理に変身した。現在では、逆に肉以外の材料を集めるのが大変なので、限られた店でしか食べられない、とても希少で貴重な一品。調味料にマルサラ酒や酢が加えられているのでさっぱりしていて、トリュフやポルチーニ茸の香しさがたまらない。農民料理に目をつけてぜいたくな食材を加えた料理は他州にもあるが、フィナンツィエーラは群を抜いている。

## 米どころの波打つリゾットに欠かせない
## ラードに漬けた腸詰め

　ピエモンテ州は稲作が盛んで、国内シェアの6割の米を生産している米どころだ。とくにパダーナ平原を横切るポー川近くのヴァルポリチェッリ県は、水田風景がどこまでも続く（P82）。この地方で食材としての米作りが盛んになったのは16世紀頃のこと。それ以前は修道院で薬として使われ

サラメ・デッラ・ドゥーヤ。名前は腸詰め
を漬け込む陶器の名に由来する。

たり、貴族など富裕層がお菓子の材料にしたりと限られた人しか口にすることができない貴重なものだった。しかし、庶民も米を食べられる時代になると、米を使ったリゾットが郷土料理に名を連ねるようになる。そのリゾットは「パニッシャ」と呼ばれており、ラードに漬けて作る風味豊かな豚肉の腸詰め「サラメ・デッラ・ドゥーヤ（以下ドゥーヤ）」がリゾットの材料に欠かせない。

　ドゥーヤはクリーム状のラードを入れた土器の中に腸詰めを漬け、半年から一年熟成させて作る。ポー川が近いこの地方は、湿度が高く熟成室に腸詰めを吊るすと表面にカビが生えすぎて、おいしく作ることができなかった。ラードに漬け込む苦肉の作で、熟成を促し腸詰め作りを成し遂げた。

　また、なぜドゥーヤがリゾットに欠かせないかは、材料のレシピを聞いてすぐに了解した。ドゥーヤの材料は、豚肉ににんにく、こしょう、そして地方の赤ワイン、バルベーラだ。バルベーラは先に説明したようにベリー系の風味が持ち味のワインだ。このワインの味のきいたドゥーヤを入れるのだから、リゾットはフルーティーな香りになる。

　野菜といんげん豆のスープを作り、別鍋でドゥーヤと米を炒め、赤ワインを入れて軽く煮込んだら、先に作っておいたスープを継ぎ足して仕上げ

パニッシャ。腸詰めのドゥーヤが
味の決め手のリゾット。

ていく。「パニッシャ」が他州のリゾットと一線を画するのは、米がおかゆのように柔らかく煮込まれ、スープを多めに入れるので波打つような仕上がりになるところだ。

　隣のロンバルディア州をはじめとして、リゾットは米が一粒一粒立つように作られるが、「パニッシャ」はリゾットの概念を覆す調理法であった。しかも、他州では味わえない風味にあふれているので、「リゾット」と一口にくくれない奥の深さを知らされた。寒さの厳しい戸外から帰り、こんなリゾットを食べたらとても優雅な気分になるに違いない。

## トリュフの王様、アルバの白トリュフ

　トリノから南へ100キロほどのランゲ地方は銘醸ワイン、バローロの産地として有名だが、地方の森ではトリュフの王様が、ヤナギ科などの木の下で人知れず育っている。

　トリュフはきのこの一種で、大きく分けて白と黒がある。アルバ産は白だ

州の南東にある町、アルバは上質な白トリュフ「タルトゥッフォ・ビアンコ」の産地。

が、割ると赤身がかった糸状の脈が走っているのが特徴だ。そしてイタリアでは犬を使ってトリュフを探す。

　1380年のこと、サヴォイア公がブルボン公に白トリュフを贈ったという記述が残る。フランスのように豚ではなく雑種の犬を使って白トリュフを探させたようなのだ。それ以来、トリュフ探しに適した犬が求められるようになり、賢く、嗅覚がすぐれ、忍耐強さのあるポインターやジャーマンショートヘアー、イングリッシュセッターなどの種類がトリュフ犬として飼育されてきた。これらの犬が探し当てる正真正銘のアルバの白トリュフは数が少ないといわれているが、毎年、10

犬の性質が豚よりトリュフ探しに向いているとサヴォイア家が犬を使いはじめた。

リゾット・アル・タルトゥッフォ・ビアンコ。白トリュフのリゾット。

月の初めから約1ヵ月、世界トリュフ見本市が開かれる。

　トリュフは日本の松茸（まつたけ）のようにとても高価で、その年の気候により相場が大きく変わる。だから、不作の年は目玉が飛び出るような高値がつく。

　そんな白トリュフはリゾットや手打ち麺のロングパスタ、タリオリーニにたっぷりとかけて季節限定の郷土料理として食べられる。

　バターで和えた熱々のパスタが運ばれると、ウェイターが目の前でトリュフの塊を小気味いいほど豪快に、皿の上に削ってくれた。するとパスタの上のトリュフに熱が伝わり、まるで生きているようにヒラヒラと動く。それと同時にえも言われぬ芳香が室内を満たした。トリュフがたっぷりのところをパスタと一緒にフォークに巻いて口に入れると、「これがぜいたくの極み！」と思わずにはいられない、まるで媚薬（びやく）のような魅惑的な香りが口いっぱいに広がった。サヴォイア公が特別な贈り物にアルバの白トリュフを選んだのは、理性を失わせてしまいそうな香りのせいだったのか、とはるか古（おも）に想いを馳（は）せていた。

タヤリン・アル・タルトゥッフォ・ビアンコ。アルバ産の白トリュフがパスタを覆うほどたっぷりと削りおろされる。

# Piemonte ピエモンテ州

リストランテのメニュー選びにおすすめの料理

## Antipasto 前菜

### *Carne cruda*

#### カルネ・クルーダ

赤身が美味なピエモンテ種の牛の肉を使った生肉料理（P86）。

### *Salame della duja*

#### サラメ・デッラ・ドゥーヤ

ベリー系の森のフルーツが香る赤ワインのバルベーラで香りをつけた風味豊かな腸詰め（P88）。

## Primo piatto 第一皿

### *Risotto al tartufo bianco*

#### リゾット・アル・タルトゥッフォ・ビアンコ

ピエモンテで生産されるカルナローリ種の米、フォンティーナとラスケーラの2種類のチーズで作ったリゾットにアルバ産の白トリュフをかけたもの（P90）。

### *Tajarin al tartufo bianco*

#### タヤリン・アル・タルトゥッフォ・ビアンコ

生パスタのタリオリーニをバターで味つけし、たっぷりのアルバ産白トリュフをかけたもの（P90）。

### *Gnocchi al Castelmagno*

#### ニョッキ・アル・カステルマーニョ

牛乳とカステルマーニョチーズで作ったソースでじゃがいものニョッキを和えたもの（P84）。

### *Agnolotti d'asino con salsa alla Barbera*

#### アニョロッティ・ダシノ・コン・サルサ・アッラ・バルベーラ

ロバ肉を具にした詰め物パスタのアニョロッティを赤ワインのバルベーラのソースで和えて、角切りのハムを乗せたもの（P84）。

### *Agnolotti al plin*

#### アニョロッティ・アル・プリン

詰め物パスタのアニョロッティの具に肉や米、ほうれん草などを用い、ローズマリーで風味づけしたもの（P84）。

### *Paniscia*

#### パニッシャ

炒めた腸詰めのドゥーヤと米を赤ワインで煮込み、さらにキャベツやじゃがいもなどの数種類の野菜といんげん豆を煮込んだスープを加えて作ったリゾット（P88）。

## Secondo piatto 第二皿

### *Brasato al Barolo*

#### ブラザート・アル・バローロ

牛の前足の肩肉を香草や香味野菜、赤ワインのバローロに長時間漬けてマリネーし、マリネー液で肉を煮込み、ソースをかけたもの（P85）。

### *Bollito misto piemontese*

#### ボリート・ミスト・ピエモンテーゼ

ピエモンテ種の牛の各部位をゆでて一口大に切り分け、数種類のソースや粗塩を添えたもの（P86）。

### *Finanziera*

#### フィナンツィエーラ

雄鶏の鶏冠や肉垂、仔牛の内臓や脳味噌、睾丸などにポルチーニ茸やトリュフを加え炒め、マルサラ酒と酢と白ワインで味つけしたもの（P87）。

# Liguria

リグーリア州

## かつての海洋王国

イタリアの北西部に位置する州。
州都はジェノヴァ。
リグーリア産のバジルは
そのデリケートな香りと味わいが
他の追随を許さない。

ジェノヴァの港

ジェノヴァの貴族の館

レヴァンテ地方風景

# 極上バジルのバジルペーストと
# 多彩なパスタ料理

　リグーリア州の州都ジェノヴァは中世よりイタリア4大海洋王国の一つとして地中海の覇者となり、海洋貿易を活発に行った。その後、ペストの蔓延などにより一時衰退するものの見事に復活を遂げ、現在に至る。その繁栄ぶりは旧市街に立ち並ぶ威風堂々とした貴族の館に面影を残す。

　また、郷土料理にはギリシャやイスラム諸国などの影響が見られる。リグーリア州はジェノヴァを中心に、海から陸への傾斜がきつい東側のレヴァンテ地方と比較的穏やかな西側のポネンテ地方に分かれ特産物に大きな違いがある。レヴァンテ地方は急な斜面を利用してぶどうの段々畑を作り、ワイン作りが盛んだ。深みのあるデザートワイン「シャケトラ」は地方の代名詞になっている。

シャケトラ

段々畑で栽培されたぶどうは潮風にあてて乾かされ、糸状菌のついた実と一緒にしぼった後、2〜3年の熟成期間を経て極上のデザートワイン「シャケトラ」になる。

　またポネンテ地方では野菜や香草類の栽培に加え、小粒のタッジャスカ種のオリーブの実から繊細な味わいの上質なオリーブオイルを搾油している。そして、州都のジェノヴァ近郊ではイタリア中から称賛されるリグーリア種のバジル栽培が行われてきた。中でもジェノヴァの西にあるプラの町で作られるバジルは、緑の柔らかい葉をつけ、香りも繊細だ。プラのバジルに魅せられたローマの友人が、苗を持ち帰って庭に植えたが葉が硬くなり、まったく別物に育ってしまったと嘆いた。私はその理由がどうしても知りたくて、プラの町のバジル農園へ足を運んでみることにした。農園は外気が出入りする開閉型のビニールハウスで、中では葉がスプーンのようにくぼんだ小振りのバジルがすくすくと育っていた。

特に上質とされるのがジェノヴァの町から西へ8キロほどの町「プラ」で栽培されるバジル。

　そして、農園の主人にバジル作りには何が大切か、そしてなぜローマでバジルの葉が硬くなってしまったのかを聞

プラの町のペースト作りの商店では手作りに近い本格的なジェノヴァのペーストを販売している。

くことができた。プラの町は海が近いので、地質は塩分を含む砂地だから水はけが良く、さらに背後にそびえるパッソ・デル・トゥルキーノ峠から冷たい風が町まで届く。これらの恵まれた自然環境が上質なバジル栽培に欠かせない条件だったのだ。

　そんなバジルの葉を使った緑のソースは「ペスト・ジェノヴェーゼ」（ジェノバのペースト）と呼ばれる、バジルとにんにく、オリーブオイル、羊のチーズに松の実を材料にしたクリーム状のソースだ。

　そして、リグーリア産のバジルが使われていなければ、メニューに「ペスト」（方言でペーストのこと）と書けないのだそうだ。その味わいは瓶詰めなどで見かける「ジェノヴェーゼ・ソース」とは似て非なるものである。

　この「ペスト・ジェノヴェーゼ」をかけたショートパスタが「トロフィエ・アル・ペスト」。「トロフィエ」は丸く巻いたかんな屑のような白色のパスタ。

　ゆでたてのトロフィエに艶々でトロリとしたジェノヴァのペーストをかけるとさわやかな香りが鼻腔をくすぐり思わず喉を鳴らしてしまう。味は見た目通りで、忘れられない一皿リストの上位ランクにメニュー名を書き加えた。

トロフィエ。形の可愛さと純白の色が特徴。乾麺の袋詰めも購入可能。

トロフィエ・アル・ペスト。純白のショートパスタに艶やかなジェノヴァのペースト「ペスト」をかけたもの。

トレネッテ・アル・ペスト・ジェノヴェーゼ。じゃがいもがパスタと相性のいいことを知るきっかけになった一皿だ。

そしてジェノヴァのペーストは、ロングパスタとの相性もいい。「トレネッテ・アル・ペスト・ジノヴェーゼ」は切り口が長方形のリングイーネに似たパスタ、トレネッテを使った料理。

平麺の「トレネッテ」はソースがからみやすいように生地を粗めにこねたもので、現在ではリグーリア州全域で食べられているロングパスタだ。

材料にゆでたじゃがいもといんげん豆が欠かせず、これらの野菜を加えるとパスタのボリュームが増す。さわやかなジェノヴァのペーストはゆで野菜のソースにしてもいい。

そしてリグーリア州には、まだまだご紹介したいパスタがある。直径が6cmのコインのような丸いパスタの「コルツェッティ」は、生地の表面を木型で押して模様をつけたとても珍しい形。

その昔は、貴族が職人に依頼して、パスタ生地の風味を邪魔しないような木材、梨やりんご、ブナなどで押し型を作らせ、家紋を入れたコルツェッティを食していたのだという。

そんな由緒あるパスタ料理が「コルツェッティ・アル・スーゴ・ディ・カルネ」（次頁に掲載）。牛のひき肉と香味野菜、トマトピューレ、赤ワインで煮込んだソースをゆでたコルツェッティにかけたものだ。パスタにソースを混ぜるのがもったいないような美しさだったが、しばし見惚れながらも食欲に勝てずフォークをつけた。

コルツェッティは小麦粉と水が材料。まるで白いコインのような形で、乾麺と生麺の両タイプがある。

コルツェッティ・アル・スーゴ・
ディ・カルネ。料理が運ばれる
と、その美しさに目を見張った。

　また、手打ち麺の詰め物パスタもこの州ならでは。たとえば、日本でも
よく知られている「ラビオリ」。

　ラビオリはその原型がすでに古代ローマ時代、帝政ローマ期に料理人の
マルクス・ガビウス・アピシウスにより作られていたのではないかといわ
れている。しかし、その後の変遷は曖昧でイタリアの多くの州でラビオリ
に似た詰め物パスタが作られるようになった。ラビオリの発祥にはいくつ
もの説があるのだが、私はジェノヴァがピエモンテ州の属州だった時期に、
この地にもたらされたのではないかという説に信憑性を感じている。そ

して、その後、数世紀
にわたりラビオリはリ
グーリア州の詰め物パ
スタとして親しまれて
きた。

ラビオリ・コン・エルベッテ。
上質なオリーブオイルが香り
のまとめ役。

　州の西側、ポネンテ
地方で食べた「ラビオ
リ・コン・エルベッテ」
は、ローズマリー、タ
イム、マジョラムそし
てオレガノの4種類の生
の香草をソースに使っ
た詰め物パスタだ。

　具材は野草のボラージネ（ハーブの一種のルリジサ）と羊のチーズのブリガスカ。肉や食肉加工品を具にしないのがリグーリア風だ。野山の澄んだ空気を感じさせる詰め物パスタは、香草が豊富なポネンテ地方ならでは。そして、香草ソースのハーモニーがいいのは、この地方の上質なオリーブオイルが一役買っているからだ。小粒のオリーブ、タッジャスカ種のオリーブオイルは上品な味わいなのが特徴。何種類もの香草を優しくマリアージュさせていた。

パンソッティ・イン・サルサ・ディ・ノーチ。まさに州の詰め物パスタの代表といえる一品。

　また、ジェノヴァ県の北東の町、フォンタネリで食べた詰め物パスタも忘れがたい。フダンソウやたんぽぽ、リコッタチーズを具にしてくるみのソースをかけた、見た目も鮮やかなパスタ料理の「パンソッティ・イン・サルサ・ディ・ノーチ」だ。

　くるみのソースがクリーミーなのは牛乳に浸した少量のパン粉とチーズを加えているから。このパスタ料理もオリーブオイルをかけると風味が増してまろやかになる。イタリアの各地で個性豊かなオリーブオイルが搾油されるが、フリットなどの揚げ油には使わない。エクストラ・ヴァージンオイルは、料理の味わいをまろやかにしたり、際立たせたり、隠し味の役割を果たしていると思う。

## リグーリア州の魚介料理と 「王様」と呼ばれる前菜

　リグーリア州は海が目前にあるのに海抜が高い地形なので魚介料理が郷土の味になったのは比較的近年のことである。しかし、海洋貿易の産物、たとえば干しだらや漁師料理がこの地の魚介料理の幅を広げてきた。

ムスコリ・リピエニ。詰め物の斬新さに思わず拍手を送りたくなった。

まずは東側、レヴァンテ地方の名物料理からご紹介したい。

ムール貝は夏が旬だが、さっと火を通すか魚介のスープに入れるのが常だ。

その固定観念を完全に覆らせてくれたのが、ラ・スペッツィアの町で食べた「ムスコリ・リピエニ」という名の一皿。

ムール貝の中にソーセージやまぐろのみじん切り、牛乳に浸したパン、チーズ、卵といった想像もつかない食材を詰めて、トマトソースで煮込んだもの。興味津々で食べてみると、濃厚な詰め物とプクリと膨れたムール貝の身が絶妙なハーモニーを奏でていた。こんな料理に出会うとグルメの旅がますます楽しくなる。

また西側のポネンテ地方でよく食べられているのが、干しだらの「ストッカフィッソ」を使った料理の「ブランダクユン」。

多くの店がメニュー名を「ブランダ」と省略している。干しだらは大西

ブランダクユン。干しだらとじゃがいもが材料。

干しだらを売る店。

モスカルディーニ・アッフォガーティ。家庭料理としても人気。下ごしらえに手間がかかるので、なじみの魚屋さんにお願いしてさばいたものを購入する主婦もいる。

ブリッダ・ディ・セピエ。もんごういかを使ったリグーリア風のごった煮（ブリッダ）。

洋を渡りこの地にもたらされたが、「ブランダクユン」を見てあの無骨な干しだらがこんな優雅な料理になるのかと思わず目を見張ったほど。

　干しだらを水に戻しゆでたものを細かく割いて、ゆでたじゃがいも、オリーブオイル、にんにくと混ぜ合わせたものだ。干しだらとじゃがいもの組み合わせは口当たりがソフトで気が利いた前菜になる。

　また、リグーリア州全体で食べられている魚介料理の数も多い。南仏のプロヴァンス料理の影響を受けたのが、もんごういかのごった煮の「ブリッダ・ディ・セピエ」。「ブリッダ」とは一皿料理の意味で残った魚や野菜を一緒くたにして煮込む料理法を指す。

　州の食堂でよく見かけるメニューで、地域によりムール貝を使った「ブリッダ」を出す店もある。そして、小さなじゃこうたこのトマト煮込み「モスカルディーニ・アッフォガーティ」も捨てがたい。

小だこは小振りのものが柔らかく上質とされるが、やや大きいものなら叩いて柔らかくする。その後、一匹ずつ内臓、目やくちばしを丁寧に取り除かなければならないので下ごしらえに手間がかかるが調理法はシンプル。

　つぶしたにんにくとペペロンチーノをオリーブオイルで炒めて、たこを入れたら強火にして白ワインを注ぎ、あとはトマトピューレを入れてコトコト煮込むだけ。鍋は、できれば陶器鍋がいいのだとか。ゆっくり火が通るので、たこのうまみを引き出し、柔らかく煮上がるのだという。家庭によってはレシピにアンチョビーやケイパーを入れるところがあるが、私の好みは小だこの持ち味を生かしたにんにく、トマトそしてピリリと辛いペペロンチーノを入れただけのレシピ。ちなみにメニュー名の「アッフォガーティ」とは「おぼれた」という意味。小だこがトマトソースの中でおぼれるなんて！　なんともイタリアらしい料理のネーミングだ。

　州の魚介料理で群を抜くのは何といっても「リグーリア料理の王様」と呼ばれる前菜料理の「カッポン・マーグロ」。

　硬いパンに質素な残り物を乗せて庶民や船乗りが食べていたものが、有産階級や貴族の食卓に上るようになると裕福さを競うように、姿を変えていった。硬いパンを台にするのは同じだが、甲殻類、魚介類、その間にゆでたセロリやビートなどを層にして高く重ねてゆく。素材にワインビネガーやレモンで下味をつけ、さらにパセリ、ケイパー、にんにく、ワインビネガーなどを合わせたグリーンソースを間にはさむので、あっさりといただける。リグーリア州へ行ったら、前菜の「王様」をぜひご賞味頂きたい。

カッポン・マーグロ。元は庶民の質素な料理。富裕層の食卓へ並ぶようになると野菜や高級な魚介がふんだんに使われ「リグーリア州料理の王様」とまで呼ばれるようになった。

フォカッチャ・ジェノヴェーゼはジェノヴァが発祥といわれるパンの一種。ジェノヴァの町にはフォカッチャの専門店がある。

# ご自慢のフォカッチャと
# ファリナータとタルト

「フォカッチャ」はイタリアの各地で食べられているパンの一種。日本でも知名度を上げているが、実はジェノヴァが発祥だといわれている。「フォカッチャ・ジェノヴェーゼ」は弾力がありかむとオリーブオイルがじんわりしみ出て病みつきになる味わい。

　小麦粉にオリーブオイル、水、粗塩を混ぜた生地は長時間寝かせてようやくオーブンへ運ばれる。また、ジェノヴァから東へ20キロほど行ったところにあるレッコの町では通常のフォカッチャとは一味違う、カリッとしたクレープのような「フォカッチャ・ディ・レッコ」が味わえる。

　このフォカッチャはある食堂の女主人が古の郷土レシピを調べていて見つけたもので、薄く延ばした生地の間に発酵チーズのクレシュエンツァをはさんで焼き上げる。熱々のフォカッチャ・ディ・

フォカッチャ・ディ・レッコ。レッコの名物。クレープのように薄い生地だが食感はカリッとしていて酸味のあるチーズが中からトロリ。

レッコにナイフを入れるとチーズがはみ出し、いてもたってもいられなくなるほど食欲をそそる。カリカリの生地とほのかに酸味があるチーズを口に運んだ瞬間に至福の時が訪れる。「フォカッチャ・ディ・レッコ」のファンは貴族や名士のほかに著名な文学者のダヌンツォがいたそうだ。

　フォカッチャと肩を並べるのがひよこ豆の挽き粉と、水、たっぷりのオリーブオイルを混ぜて作るタルトの一種「ファリナータ」（次頁に掲載）。挽き粉と水を丁寧に混ぜ3時間ほど寝かせて、仕上げにオリーブオイルと塩を加えて焼き上げる。だからタルトといっても甘くない。

焼き上がりをかじると、カリッとしたタルトからオリーブオイルがジュワッと出るのがたまらない、ジェノヴァのストリートフードだ。古くから庶民に愛されてきたファリナータだが、こんな話が語り継がれてきた。

ある日のこと、ジェノヴァのガレー船が嵐に遭遇し、積み荷が崩れてひよこ豆やオリーブオイルが船の甲板にばらまかれてしまった。限りある食料を捨てるわけにいかず、太陽の下に放置していたら、なんと豆が食べられる柔らかさになったという。ジェノヴァへ帰還した船員達がそのひよこ豆を挽き粉にしてオリーブオイルを入れて焼いてみると、おいしかったのでそれを町へ広めたというものだ。船が嵐にあわなければ、「ファリナータ」は生まれなかっただろう。料理はどんなきっかけで生まれるか分からない。

最後にご紹介したいのがもう一つのタルト「トルタ・ディ・ビエートレ」。

野菜のビエートレ（フダンソウ）と発酵チーズのプレシンショーアを薄いタルト生地にはさんだもの。食堂で小売りしていたので、一切れ買ってお昼に食べてみたら発酵チーズのほのかな酸味が優しい後口を残した。ガレー船は海洋貿易で買いつけた香辛料をジェノヴァの港へ運んだが、値段が高く庶民には縁遠いものだった。しかし、大地の恵みである何種類もの香草、デリケートな味わいの上質なオリーブオイル、そして体に優しい発酵チーズがこの州の料理を支えてきたのだ。

# Liguria リグーリア州

リストランテのメニュー選びにおすすめめの料理

## Antipasto 前菜

### Brandacujun

**ブランダクユン**

干しだらのストッカフィッソを水に浸して柔らかく戻し、ゆでたじゃがいもと合わせて、炒めたにんにくとオリーブオイルに混ぜて煮込んだもの（P98）。

### Cappon magro

**カッポン・マーグロ**

ガレッタという硬いパンを台にして酢でしめた魚介類や甲殻類、ゆでた野菜を層に積み上げ、間にパセリやケイパーなど緑の野菜をベースに、にんにくやワインビネガーなどを加えたさわやかなグリーンソースをはさんだもの。「リグーリア州料理の王様」と呼ばれる（P100）。

## Secondo piatto 第二皿

### Muscoli ripieni

**ムスコリ・リピエニ**

ムール貝の中にソーセージやまぐろのみじん切り、牛乳に浸したパン、チーズなどを詰めてトマトソースで煮込んだもの（P98）。

### Buridda di seppie

**ブリッダ・ディ・セピエ**

もんごういかを野菜やトマトと煮込んだもの。地域により干しだらやムール貝など別の魚介を使って作るところがある（P99）。

### Moscardini affogati

**モスカルディーニ・アッフォガーティ**

小だこに似たモスカルディーニをトマトとオリーブオイルだけで煮込んだ料理（P99）。

### Cima alla genovese

**チーマ・アッラ・ジェノヴェーゼ**

仔牛肉でゆで卵やチーズ、グリンピースなどを巻き込み、香味野菜を入れた水で煮込み冷製にして食すもの。

## Primo piatto 第一皿

### Trofie al pesto

**トロフィエ・アル・ペスト**

かんな屑のような形のショートパスタにリグーリア産のバジル、にオリーブオイル、松の実をすりつぶして作ったジェノヴァのペースト「ペスト」をソースにしてかけたもの（P94）。

### Trenette al pesto genovese

**トレネッテ・アル・ペスト・ジェノヴェーゼ**

きし麺のような形状のロングパスタ、トレネッテにジェノヴァのペーストをかけて、ゆでたじゃがいもといんげん豆をトッピングしたもの（P95）。

### Corzetti al sugo di carne

**コルツェッティ・アル・スーゴ・ディ・カルネ**

コインのような丸い形のパスタ、「コルツェッティ」に牛のひき肉に香味野菜やトマトピューレ、赤ワインを入れて煮込んだソースをかけたもの（P96）。

### Ravioli con erbette

**ラビオリ・コン・エルベッテ**

具材にボラージネ（ハーブの一種のルリジサ）やチーズを詰めた一口大の詰め物パスタ。ローズマリーなど4種類のハーブをからめたもの（P96）。

### Pansotti in salsa di noci

**パンソッティ・イン・サルサ・ディ・ノーチ**

葉菜のフダンソウやたんぽぽ、チーズを具材にして、くるみのソースをかけた詰め物パスタ（P97）。

### Ciuppin

**チュッピン**

魚介ににんにく、香味野菜、乾燥ポルチーニ茸などを入れて煮込み、裏ごしして作ったスープにトーストしたパンを浸して食べる料理。

### Mescina

**メスシュア**

ひよこ豆、大麦、いんげん豆などを塩味だけで煮込み、オリーブオイルと黒こしょうをかけた豆のスープ。

## フォカッチャやタルトなど

### Focaccia genovese

**フォカッチャ・ジェノヴェーゼ**

リグーリア州発祥のパンの一種。オリーブの実入り、オニオン、ハーブ風味など種類が多く間に食肉加工品やチーズをはさんで食べてもおいしい（P101）。

### Focaccia di Recco

**フォカッチャ・ディ・レッコ**

レッコの町のフォカッチャ。薄い生地に発酵チーズをはさんで焼いたもので、生地はカリッとしており、酸味のあるチーズが独特（P101）。

食品店

# Emilia-Romagna

エミリア・ロマーニャ州

## パルミジャーノ・レッジャーノチーズ発祥の地

イタリアの北東部に位置する州。州都はボローニャ。
海外でも人気のチーズ、熟成ハムにバルサミコ酢が食卓を豊かにする。

ボローニャの風景

貴族の館の屋根裏部屋の
バルサミコ酢の樽

# 特産品パルミジャーノ・レッジャーノチーズ、生ハム、バルサミコ酢

エミリア・ロマーニャ州は広大なパダーナ平原を土壌にするエミリア地方とアドリア海に面するロマーニャ地方に分かれていたが、1861年のイタリア統一により二つの地方が統合された。エミリア地方は農業、とくに畜産業が盛んで上質な食肉加工品を市場へ送り出している。また、さまざまな食材と相性のいいパルミジャーノ・レッジャーノチーズやバルサミコ酢などの特産品に恵まれる。一方、ロマーニャ地方は目立った特産物はないものの農民料理発祥の素朴だが工夫を凝らした料理が食べられてきた。州を斜めに貫くエミリア街道は州都のボローニャを中心にアドリア海に面したリミニから北西の県境の町、ピアチェンツァまでの二つの町を繋ぎ、流通に大きな役割を果たしているが、その基礎が作られたのは古代ローマ時代である。

パルミジャーノ・レッジャーノチーズ。品質と管理が証明されたものだけがD.O.P.を保証する刻印が押される。

さてこの州の突出している特産物の一つが、日本のスーパーでもよく見かけるようになったチーズのパルミジャーノ・レッジャーノ。

そのまま食べてもおいしいし、パスタはもとより、イタリア風の肉団子など多くの料理の具材に使われている。切り立てはフルーティな芳香が食欲をそそり、イタリア家庭の冷蔵庫に必ず常備されているチーズだ。前日の夕方に搾乳した牛の乳と翌朝の乳を混ぜて作られ、大きいものは40キロ近くあるドラム型のチーズだ。熟成期間は1年から長いもので3年以上もかかる。このようにでき上がるまで長い月日が必要なので、地方の銀行が熟成室を建設して生産者を支えるため、チーズを抵当に資金提供をしている。温度や品質管理が万全な熟成室にチーズを預けて熟成期間を満了させながら次のチーズ作りに励むほど、その価値が認められているのがパルミジャーノ・レッジャーノチーズなのだ。

そして、食肉加工品が豊富な州の目玉は何といっても生ハム。とくに西部にあるパルマ県のジベッロ村で作られている生ハムの「クラテッロ・

ディ・ジベッロ」は限られた数しか作れない極上品である。

生ハムは通常、豚の腿肉（もも）を加工するが、「クラテッロ」はお尻の中心部の肉のみが使われ、洋梨のような形に作られる希少なハム。熟成期間は10ヵ月以上で、腿肉の生ハムより食感がソフトでしっとりしていて、香りも繊細だ。また、生ハムの里、パルマからエミリア街道を東へ向かい州都のボローニャの左隣りにある町、モデナの名産なのがバルサミコ酢。

この町は13世紀後半から5世紀もの間、ロンゴバルド族の貴族、エステ家が統治した故か、当時を忍ばせるような館が点

クラテッロ・ディ・ジベッロ・アフェッタート。ハムと一口にくくれないデリケートなお味。

在している。そんな館の上に見られるのが屋根に守られた小部屋。モデナの貴族は屋根裏部屋にバルサミコ酢の樽を幾つも置いていた。夏と冬でかなりの温度差があり、湿気の少ない屋根裏が酢作りに適していたからだ。また、バルサミコ酢のレシピは門外不出で親から子へ伝えられてきた。

この貴重な酢は中世、ルネッサンス期に貴族家や修道院で消化薬、殺菌剤、気つけ薬として用いられていた。伝統的な製法に基づくバルサミコ酢はトッレビアーノ種のぶどうをメインにその他数種類を合わせたぶどう汁から作られるが、最低12年の熟成期間が定められており、それ以外も厳しい検査を通過しないとトラディッチョナーレ（伝統的な）なバルサミコ酢として販売できない。

そんな貴重な一滴は高級料理やお菓子のソースに用いられている。それは、肉料理だったり、詰め物パスタだったり、デザートのジェラートだったり。トラディッチョナーレの酢を数滴かけただけで、料理やデザートがノーブルなお味になるからだ。

モデナの名産、伝統的なバルサミコ酢はぶどう摘みの「ベンデッミア」からはじまり、数種類のぶどうを合わせてぶどう汁を作る。

ジェラート・アッラチェート・バルサミコ。バルサミコソースをかけたもの。伝統的なバルサミコ酢はその価値が認められ、肉料理はもとより、詰め物パスタやジェラートのソースとして、その高価な一滴が用いられている。

# バラエティに富むパンは
# 地域により呼び名や形が変わる

　芳醇な生ハムは前菜としてメインの前にいただくことが多いが、そんな時に添えられるのがこの州独特のパン。その一つ「ティジェッレ」は別名「クレッシェンティーネ」とも呼ばれ、モデナ県のアペニン山脈の麓で中世以前から食べられていたという。

　小麦粉と水、牛乳、そしてオリーブオイルかラードにビール酵母を入れて1時間余り種を寝かせて丸い形に焼き上げたものだ。子供の頃に食べたようなどこか懐かしい味わい。その昔はふたができる素焼きの型に生地を入れて暖炉の端の方へ置いて焼いていた。このパンは、各家庭の味があり、2種類の小麦粉を使ったり、油分をサラダ油にしたりとレシピはさまざま。焼き型がなくてもフライパンを2枚重ねて簡単に焼く調理法まで紹介されている。このパンは、州都のボローニャへ行くと四角い形にして揚げているがどちらも食肉加工品をはさんでいただく。

ティジェッレ

ティジェッレ・エ・アフェッターティ。ティジェッレにはさむのは食肉加工品、それ以外にゴルゴンゾーラやストラッキーノなどのチーズ類が加われば豪華版となる。

ボリート・ミスト。数種類の
ソースが出されることもあれば、
果物の辛子入り砂糖漬けと一緒
に食べることもある。

　また、ボローニャのメイン料理で有名なのが豪快なゆで肉料理の「ボリー
ト・ミスト」。

　私がイメージしていたボローニャの町は、ヨーロッパで初めて大学ができ
たアカデミックな都市で若者が多く暮らし、ミラノとはひと味違うおしゃ
れの発信地というものだった。しかし、リストランテでゆで肉の部位を山
盛りにしたワゴンが客席をまわり、注文に応じて切り分けるのを見た時は、
想像しなかった光景にちょっと驚いた。丸ごとのゆで鶏、ベロンと横たわ
る牛舌、そのそばには大きな豚の足。付け合わせの野菜は小玉ねぎの酢漬
けなど。栄養的にはバランスが取れているように思われるが、小作りで優
しい顔立ちのボロネーゼ（ボローニャ出身の人）にはあまり似合わない郷
土料理だ。しかし、フルーツの辛子入り砂糖漬け、ワインビネガーの効いた
ソースやトマトを煮詰めたソースなどが一緒に出されるので、目先が変わ
り飽きずにいただけた。この州の人は働き者が多いといわれているが、こ
んな料理がパワーの根源になっているのかと納得した体験であった。

## 家庭に伝わる生パスタ料理と
## 口の中でとろけるパッサテッリ

トルテリーニ。小さいもの
ほど上質だとされている。

　エミリア・ロマーニャ地方のパスタといえば卵入り
の生地で作った生パスタだ。この州のパスタは詰め物
パスタからロングパスタに至るまで、家庭内でレシピ
が伝えられているようなのだ。各家庭に伝わる生パス
タは州のご自慢料理だと想像がつく。一番小さな詰め
物パスタは「トルテリーニ」。

トルテリーニ・イン・ブロード。スプーン5さじで食べ切れる数をスープに入れるのが正式。チーズやオリーブオイルをかけずにそのままいただく。

トルテローニ。中身は2種類のチーズ。

トルテッリ。具材はチーズや野菜など。

　このパスタは、スープに浮かせて食べる「トルテリーニ・イン・ブロード」が一般的だ。

　目の覚めるような黄色なのは生地に塩を入れないから。具材は豚の腰肉、ソーセージ、生ハム、チーズそしてナツメグで香りをつける。小さなパスタの中にはこんなにたくさんの具が詰まっているのだ。

　このパスタには思わずニコリと微笑んでしまう愛と美の女神“ビーナスのおへそ“にまつわる伝説がある。ビーナスが泊まった宿の主人が鍵穴から神々しいおへそをのぞき、そのキュートな形に魅せられてトルテリーニにかたどったというもの。トルテリーニの具材は、エミリア街道の西へ行くと蒸し煮した肉が使われ、東へ行くとローストした肉が使われる。

　また、形はトルテリーニと一緒だが、もう少し大きいのが大晦日に食べるパスタ「トルテッリ」。そしてさらに大きい詰め物パスタは「トルテローニ」。具に肉は使わず、チーズや野菜をたっぷりと詰める。口をいっぱいに開けないと食べられない大きさで、具材のパルミジャーノとリコッタチーズがニュルリとはみ出したまらない味わいだ。

Emilia-Romagna

　もう一つ家庭に伝わるパスタは、ロングパスタで平麺タイプの「タリアテッレ」。牛と豚のひき肉、香味野菜、トマトと赤ワインでじっくり煮込んだボローニャ風のミートソース「タリアテッレ・アッラ・ボロネーゼ」をおいしく作るコツは肉を包丁で叩いて細かくすること。

「ラザーニャ」もこの州が発祥。手打ちの生地で作ったラザーニャは、小さな一切れでもずっしりとしている。型から外しても生地が具をしっかり包んでいるから崩れることがない。具はボローニャ風のミートソースとベシャメルソースを層にしたもの。

　友人のマンマがごちそうしてくれたのが、不思議な形をした硬いパン、「コッピア・フェッラレーゼ」と卵とチーズ、そして香りにレモンの皮とナツメグを入れ、混ぜ合わせて作る「パッサテッリ・イン・ブロード」。

　ロマーニャ地方のシンボル的なスープ料理で昔は復活祭のごちそうだった。「スタンポ」と呼ばれる底に穴が空いた器具でブイヨンが入った鍋に種をところてんのように突き、流し入れてサッと火を通す。その光景はまるでロングパスタを鍋に入れているかのようだ。スープに浮いたパッサテッリを口へ運ぶや否や、ほのかにナツメグが香り、とろけるような食感が広がった。この州の料理は、詰め物パスタからパッサテッリに至るまで、手作りの愛情を感じるものばかりだった。

ラザーニャ。ボリュームがあるのに優しい味わい。

パッサテッリ・イン・ブロード。具材のパンはねじれた形のコッピア・フェラレーゼ。

# Emilia-Romagna エミリア・ロマーニャ州

リストランテのメニュー選びにおすすめの料理

## Antipasto 前菜

### *Tigelle e affettati*

#### ティジェッレ・エ・アフェッターティ

モデナのパン、ティジェッレとモデナ産のサラミや生ハム、ゴルゴンゾーラやストラッキーノなどのチーズの盛り合わせ（P107）。

### *Culatello di Zibello affettato*

#### クラテッロ・ディ・ジベッロ・アフェッタート

パルマ県のジベッロ村で作られる豚の尻の中心部のみを使って作られた生ハムのスライス（P106）。

### *Crescentine con i salumi*

#### クレシェンティーネ・コン・イ・サルーミ

ボローニャの町で食べられるパンのクレシェンティーネを揚げたものとミックスサラミやチーズや小玉ねぎの酢漬けなど。

## Primo piatto 第一皿

### *Tortellini in brodo*

#### トルテリーニ・イン・ブロード

スープの中に肉や生ハム、ソーセージやチーズを具にした小さな詰め物パスタを入れたもの（P109）。

### *Tortelli*

#### トルテッリ

形はトルテリーニと同じでチーズや野菜を具にした詰め物パスタ（P109）。

### *Tortelloni*

#### トルテローニ

トルテッリよりさらに大きな詰め物パスタ。ゆでたてに溶かしバターをかけたものやサルビアの葉で風味をつけたものがある（P109）。

### *Tagliatelle alla bolognese*

#### タリアテッレ・アッラ・ボロネーゼ

平麺の生ロングパスタのタリアテッレにボローニャ風のミートソースをかけたもの（P110）。

### *Lasagna*

#### ラザーニャ

ベシャメルソースとボローニャ風のミートソースをはさんだ手打ちの生地で作ったラザニア（P110）。

### *Passatelli in brodo*

#### パッサテッリ・イン・ブロード

ロマーニャ地方の代表料理で、硬くなったパンと卵、チーズをパスタ生地のようにこねて、レモンの皮とナツメグで風味をつけスープに入れたもの（P110）。

## Secondo piatto 第二皿

### *Bollito misto.*

#### ボリート・ミスト

鶏や牛舌、牛肉、仔牛の頭の肉片、豚の腸詰めなどを塊のままゆでた肉料理。ビネガー風味やトマトベースのソース、または果物の辛子砂糖漬けのモスタルダが添えられる（P108）。

### *Brodetto d'anguilla*

#### ブロデット・ダングイッラ

月桂樹の葉で風味をつけたトマトソースでうなぎを煮込んだもの。

### *Arrosto misto*

#### アッロースト・ミスト

ホロホロ鳥、鶏、仔牛、うさぎなどの肉をローストしたもの。

### *Cotechino e Lenticchie*

#### コテキーノ・エ・レンティッキエ

豚の皮や豚肉を香辛料で和えて作った腸詰めをゆでたものと煮込んだレンズ豆の盛り合わせ。

# Umbria

ウンブリア州

## 海にも国境にも接しない
## 唯一の内陸の地

イタリアの中部に位置する州。
州都はペルージャ。
中世のような美しい丘陵の町をたずさえ、
素朴だが滋味豊かな料理がいっぱい。

スポレートの風景

ウンブリア州の風景

## ジビエも腸詰めも内臓も
## 串焼きでじっくり焼き込む

　中部イタリアに位置するウンブリア州は、内陸部なので残念ながら海の幸に恵まれていない。しかし、この州の料理を豊かにしているのは、黒トリュフや種類の多いきのこ類、そして品質に定評のあるレンズ豆などの農作物だ。

「タルトゥフォ・ネーロ」と呼ばれる黒トリュフは、ウンブリア州、ノルチャで採れるものに定評がある。

ウンブリア州のオリーブオイル
が美味なのは、丘でオリーブの
木を栽培しているから。

また、農家では養豚が盛んで、特に南東部に位置するノルチャの町では豚肉加工の工房が多くあり、豚肉加工品を売る食料品店が町の至る所に軒を連ねる。中部イタリアでは豚肉専門店を"ノルチェリア"と呼ぶが、ノルチャの町に端を発する。

そして、ぜひ知って頂きたいのがこの州の上質なオリーブオイル。ウンブリア州で生産されるオリーブオイルはすべてD.O.P.の認定を受けており、私が最も好きなオリーブオイルを作っているのはトレヴィの町だ。

その町の下では豚肉と相性が良く、イタリアでも珍しい黒セロリが栽培されている。さて、そんなウンブリア州ではじっくりと焼き込んださまざまな串焼き料理が楽しめる。世界遺産の町で聖人フランチェスコをまつるフランチェスコ聖堂のあるアッシジは、丘陵の左右に町が広がり聖職者が多く暮らす。この町で見逃せないのがジビエの鳩を鉄の串に数珠つなぎに刺して肉汁をかけながら焼いた料理の「ピッチョーニ・アッラ・ギオッタ」。

ピッチョーニ・アッラ・ギオッタ。鳩の焼
き脂と内臓入りのソースをかけながらおよ
そ1時間半かけてじっくり焼き上げる。

「ギオッタ」とはジビエにかけるソースのことで、この料理の味を左右する大切なソースだ。まず、羽をむしった数羽の鳩を長い鉄串に刺す。次に鳩の内臓にワインやレモン汁、にんにく、そしてサルビアやローズマリーなど数種類の香草を加えて細かく切り、フライパンで煮詰めてソースの「ギオッタ」を準備する。鳩をグリルする時にしたたり落ちるおいしい脂を受ける鉄板を置き、大切なソースの半分と合わせたら、ソースを数回かけながら鳩をゆっくり、じっくり焼き上げていく。仕上げに残りのソースをかけてジビエ料理のでき上がりだ。

　皿に盛られた鳩を切り分けると肉がハラリと骨から外れ、肉片を口に運ぶとジワリと複雑な味がしみ出す。串焼きと一口に済ませられない奥深い味の鳩料理。その後、「アッシジ」という地名を聞くと、聖人フランチェスコよりこの一皿を思い出すようになってしまった。

　この州を旅すると丘陵を飾る町々の美しさに見惚れるが、そこへ一歩足を運ぶと歴史が息づく町並みにさらに旅情を誘われる。そんな町の一つ、スポレート（P112）の友人宅では毎週のように友人を招き、手作りのごちそうを振る舞うという。そして、仲間との気楽な晩餐メニューの定番がやはり串焼き料理。料理を作りながら仲間とおしゃべりを楽しむために、暖炉には鉄串焼きができるような設備まで設えてある。

　豚肉の産地ならでは、町の肉屋で上質な腸詰めが手に入るので、それを鉄串に刺して暖炉の火でゆっくり焼くだけで、ワインのおつまみにもメイン料理にもなるから冬が来るのが待ち遠しいと聞かされた。

　冬の厳しいこの州では、暖炉は当たり前の暖房器具だが、パチパチと赤

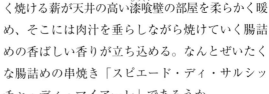

く焼ける薪が天井の高い漆喰壁の部屋を柔らかく暖め、そこには肉汁を垂らしながら焼けていく腸詰めの香ばしい香りが立ち込める。なんとぜいたくな腸詰めの串焼き「スピエード・ディ・サルシッチャ・ディ・マイアーレ」であろうか。

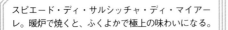
スピエード・ディ・サルシッチャ・ディ・マイアーレ。暖炉で焼くと、ふくよかで極上の味わいになる。

スピエディーニ・ディ・フェガテッリ。ルネッサンス時代からのレシピ。

レバーを竹串に刺して焼いた料理と聞けば、日本の焼き鳥屋でおなじみの「レバー焼き」を想像するが、そこはイタリア、趣がちょっと違う。「スピエディーニ・ディ・フェガテッリ」は、16ヵ月に満たない若い豚のレバーを使ったルネッサンス時代から食べられてきた串焼き。

レバーに月桂樹の葉を乗せ、それを網脂で巻いて串刺しにしたら、きび砂糖をふりかけてオーブンで焼いたものだ。確かに甘い味つけと塩味が混在する料理はルネッサンス時代に生まれたものだが、レバーをきび砂糖でカラメル仕立てにするとは思わなかった。古のレシピを見つけたシェフの目利きは功を奏して、レバーをしゃれた味に仕上げていた。

## 伝統の味、カステッルッチョ村の極上レンズ豆と黒トリュフづくし

イタリア料理は日本の料理に比べて舌をやけどするほど熱々のものが少ない。長年ローマで暮らした私だが、舌をやけどしそうになった記憶といえば焼き立てのピッツァのとろけるモッツァレッラチーズぐらい。

イタリア人は猫舌なのかと常々思っていたが、ついに熱々料理にめぐり合えた。それは、イタリアで極上といわれる、カステッルッチョ村のレンズ豆の料理。

レンズ豆はイタリア語で「レンティッケ」と呼ばれるが、シンプルににんにく、セロリで煮込んだ豆のスープは腸詰めなどを入れるとメイン料理になる。

レンティッケ・ディ・カステッルッチョ。イタリアで最高の品質といわれるカステルッチョ村のレンズ豆を使った料理。

　カステルッチョ村は、ペルージャ県にあるが右隣りのマルケ州とウンブリア州をまたぐアペニン山脈に位置しており、標高は1452メートル。しかし、村のそばには山に囲まれた広大な田畑が広がり、5月～7月まで色とりどりの花が咲き乱れ、花のカーペットが幾重にもつながる。それが冬になると深い雪に埋もれ景色は白一色に一変してしまう。それでも観光客の足が途絶えないのは、村で栽培されている小粒で味がしまったレンズ豆の熱々スープ「レンティッケ・ディ・カステルッチョ」を食べたいからだ。

　標高が高い村のレンズ豆は害虫の被害を受けないので、完全無農薬。鍋でにんにくとセロリを炒めたら豆の倍量の水を入れて20分ほど煮込むだけのいたってシンプルな調理法だが、おいしい水が豆の味を引き立てているのはいうまでもない。湯気がモウモウ立ち上るできたての豆のスープにオリーブオイルをたっぷり染み込ませたトーストを豪快に浸して食べてみたら、そのこっくりとした味わいに思わず頬が緩んだ。窓から外を見ると雪がしんしんと降り積もり一面の雪景色。しかし、豆のスープで身も心もほんわかと温まり、幸せとはこういう時間なのだと静寂の銀世界をながめていた。

　そしてカステルッチョ村から30キロ足らず降（くだ）ったところにあるのが、豚を使った食肉加工品のメッカ、ノルチャの町だ。食品店をのぞくと、生ハム、腸詰めをはじめとした豚の加工品が所せましと並んでいる。中でも目を引くのが、豚の足の皮に詰め物をした「コッテキーノ」。

　よく見ないと豚の足がぶら下がっているのかと思うほど、リアルな形だ。

コッテキーノ。地方によりお正月にレンズ豆と一緒に煮込んで食べる習慣が残る。

　実はこのコッテキーノは北イタリアや中部イタリアのいくつかの州の特産物でもある。詰め物は、豚の皮、肉がメインだが、地方によって香辛料などが変わる。

　また、ノルチャの町で特筆したいのがバラエティーに富んだ黒トリュフ料理。ピエモンテ州のページでもお伝えしたが、イタリアでは白も黒もト

クロスティーニ・アル・タルトゥフォ・ネーロ。ウンブリア州のホームメードパン、「カザレッチョ」をこんがりトーストして黒トリュフをトッピングしたオープンサンド。

フリッタータ・ディ・タルトゥフォ・ネーロ。おいしく作るコツは、卵を半熟に焼き上げること。

リュフは犬を使って探す。豚の産地でもご多分にもれずで、豚より嗅覚が優れ、飼い主に忠実で賢い犬が山間の地下に眠るたくさんの黒トリュフを探し当てている。黒トリュフは白に比べてやや香りが粗削りだが、価格が手頃な分、たっぷりと料理に使われるのが嬉しい。

そんな黒トリュフメニューの筆頭は、黒トリュフのオムレツ「フリッタータ・ディ・タルトゥフォ・ネーロ」。

黒トリュフを惜しみなく使った丸いオムレツにナイフを入れた途端に、黄身にからんだ黒トリュフがトロリと皿にしみ出た。すかさずパンですくって食べてみたら、黄身が濃厚な香りをまろやかに包み、後味の素晴らしいこと。ある友人が「トリュフを味わうならオムレツが一番!」と言っていたことを思い出した。

しかし、その後は次から次に運ばれる黒トリュフ料理の素材とのハーモニーに目を見張ることとなった。

トリュフを細かく下ろしてアンチョビーを隠し味にしたオープンサンドの「クロスティーニ・アル・タルトゥフォ・ネーロ」。プリモピアットは目の前で黒トリュフを山盛りに削ってくれる平麺パスタの「タリアテッレ・アル・タルトゥフォ・ネーロ」。黄色いパスタの頂上はあっという間に焦げ茶色の厚いヴェールに覆われ、心の中で嬉しい悲鳴を上げていた。

タリアテッレ・アル・タルトゥフォ・ネーロ。平打ち麺のロングパスタ、「タリアテッレ」の皿が運ばれると目の前で大きな黒トリュフをたっぷり削りかけてくれる。

リゾット・アッラ・ノルチー
ナ・コン・タルトゥフォ・ネー
ロ。ノルチャ風のリゾットに
肉汁がしたたる腸詰め、そこ
に大きなトリュフが山盛り。

しかし、至福の時はこれで終わっていなかった。ノルチャ風のリゾットに黒トリュフを飾った「リゾット・アッラ・ノルチーナ・コン・タルトゥフォ・ネーロ」はノルチャの町に伝わるリゾットをベースにした料理。

ノルチャ風のリゾットは一般的に米を野菜スープで煮込み、細かく刻んだ豚の腸詰めやきのこ、羊のチーズを具材にしているが、そのリゾットに黒トリュフを飾ったものだ。ピンク色の豚「マイアーレ・ローザ」の腸詰めがまるでトリュフと競うかのようにゴージャスに盛られていた。豚の腸詰めは皮をはぎ、フライパンで炒めて脂を抜いているので品の良い仕上がり。そして、黒トリュフは実に豚肉と相性がいい。

黒トリュフ入りのサラミや瓶詰めならしゃれたお土産になると、まだ料理を食べ終わらないうちに食品店をのぞくことを考えていた。

## ウンブリア州の極太パスタと
## 黒セロリと湖の恵み

イタリア人の食生活に欠かせないパスタの種類は乾燥パスタなどの工業製品だけでも300を超えるという。それに地域によって微妙に形状が変わる生パスタが加わるといったい何種類あるのか、数えきれなくなる。しかし、どこへ行っても見事に具材やソースにピタリと合ったパスタが使われている。

素朴な農民料理が郷土の味になったウンブリア州は小麦と水をこねただけのパスタが多く食されている。「ストランゴッツィ」は厚さが3、4ミリで真四角、または長方形の切り口のロングパスタ。パスタソースには野趣あふれるきのこやオリーブの実がよく合う。

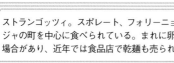

ストランゴッツィ。スポレート、フォリーニョ、ペルージャの町を中心に食べられている。まれに卵を入れる場合があり、近年では食品店で乾麺も売られている。

ストランゴッツィ・アイ・フンギ・サングイネッリ。きのこのサングイネッリはコクのある旨みが特徴。トマトソースで煮込み、それを極太麺のストランゴッツィと和えたパスタ。

サングイネッリ。見た目に比して、パスタやメイン料理の味をグッと深める。

「ストランゴッツィ・アイ・フンギ・サングイネッリ」は、まるで血のような赤みの肌が名前の由来のきのこ「サングイネッリ（和名アカハツタケ）」とトマトソースで和えたパスタ料理。

　サングイネッリは、あまり市場で見かけないが、古代ローマ時代のフレスコ画にこのきのこが描かれているようなので、歴史を経て食べられてきたようだ。

　またパスタにからめたソースは"だしの（アカ）ハツタケ"と言われている通り、奥深い味わいになり極太パスタといいマリアージュ。腰の強い農家生まれのパスタは土地の素材と合うのだと納得させられた。

　また、この州にはここでしか食べられない希少な野菜、黒セロリの「セーダノ・ネーロ」がある。州の東南、トレヴィの旧市街を見上げるように黒セロリ栽培の畑が広がっている。黒セロリが見

セーダノ・ネーロ。黒っぽい色合いから想像がつかない品の良い味わい。

セーダノ・ネーロ・リピエーノ。ウンブリア州でも希少な黒セロリを使ったメイン料理。

つかったのは1800年の終わりだといわれており、種は農家の家宝として受け継がれてきた。一般のセロリと比べて繊維が少なく、とても瑞々しい。

この黒セロリを使ったトレヴィ風の料理が「セーダノ・ネーロ・リピエーノ」。

ゆでた黒セロリに腸詰めと豚肉のひき肉を詰めてフリットし、さらにゆるめのミートソースをかけたものだ。ダイナミックな料理だが食べてみると瑞々しいセロリが口に優しく、詰め物とソースをヘビーに感じさせない。これなら立派なメイン料理としてお客様に出せると思いつつ食べつくした。

黒セロリに舌鼓を打ちながら、この州は魚料理がないのが残念だともらすと、店のオーナーからローマまでの帰り道にトラジメーノ湖へ行くようすすめられた。湖料理の王道は「テガマッチョ」といわれる淡水魚のごった煮だという。

川かます、鯉の一種チンカ、うなぎにすずきなどを白ワインと濃縮トマトペーストで煮込んだ料理。ぜひ食べてみたいと夕暮れの近づいた道をトラジメーノ湖へ向かい車を走らせた。リストランテへ入る前に湖へ寄ってみたら、そこには絵に描いたような夕暮れの風景が広がっていた。その美しい湖で捕れた魚のごった煮、「テガマッチョ」はあっさりしたお味で、海のないこの州の料理に花を添えるものだった。

テガマッチョ。湖のいろんな魚をにんにくや濃縮トマトと煮込んだ漁師料理が発祥のスープ。

# Umbria ウンブリア州

リストランテのメニュー選びにおすすめの料理

## Antipasto 前菜

### *Crostini al tartufo nero*

**クロスティーニ・アル・タルトゥフォ・ネーロ**

トーストしたパンににんにく、レモン、またはアンチョビーなどを入れて軽く炒めた黒トリュフをトッピングしたもの（P117）。

## Primo piatto 第一皿

### *Lenticchie di Castelluccio*

**レンティッケ・ディ・カステッルッチョ**

カステッルッチョ村の小粒のレンズ豆をにんにく、セロリと一緒に煮込んだスープ（P116）。

### *Tagliatelle al tartufo nero*

**タリアテッレ・アル・タルトゥフォ・ネーロ**

平打ち麺のロングパスタ、タリアテッレに黒トリュフを削りかけたもの（P117）。

### *Strangozzi ai funghi sanguinelli*

**ストランゴッツィ・アイ・フンギ・サングイネッリ**

ロングパスタのストランゴッツィをアカハツタケと濃縮トマトのソースで和えたもの（P119）。

### *Tagliatelle al sugo di persico*

**タリアテッレ・アル・スーゴ・ディ・ペルシコ**

ロングパスタのタリアテッレにトラジメーノ湖で捕れたスズキ科の淡水魚とトマトのソースを和えたもの。

### *Frittata di tartufo nero*

**フリッタータ・ディ・タルトゥフォ・ネーロ**

黒トリュフを入れたイタリア風オムレツ（P117）。

### *Risotto alla norcina con tartufo nero*

**リゾット・アッラ・ノルチーナ・コン・タルトゥフォ・ネーロ**

野菜スープにきのこやチーズを入れて煮込んだリゾットに輪切りにした豚の腸詰めを盛り合わせ、黒トリュフをかけたもの（P118）。

### *Gnocchi alla tinca affumicata*

**ニョッキ・アッラ・ティンカ・アッフミカータ**

トラジメーノ湖で捕れた地うなぎのスモークと和えたニョッキ料理。

## Secondo piatto 第二皿

### *Picioni alla ghiotta*

**ピッチョーニ・アッラ・ギオッタ**

鳩の内臓やワイン、レモン、にんにく、香草で作ったギオッタと呼ばれるソースを、鉄串に刺した鳩にかけながら焼いた鳩料理（P113）。

### *Spiedini di fegatelli*

**スピエディーニ・ディ・フェガテッリ**

豚のレバーに月桂樹の葉を乗せ、網脂で包んだものを串刺しにしてキビ砂糖をかけてオーブンで焼いたもの（P115）。

### *Tegamaccio*

**テガマッチョ**

トラジメーノ湖の名物で、カワマスやうなぎ、すずきなどの湖の魚を白ワインや濃縮トマトで煮込んだもの（P120）。

### *Spiedini di anguilla*

**スピエディーニ・ディ・アングイッラ**

トラジメーノ湖で捕れた地うなぎの串焼き。

### *Spiedo di salsiccia di maiale*

**スピエード・ディ・サルシッチャ・ディ・マイアーレ**

豚の腸詰めを鉄串に刺して焼いたもの（P114）。

### *Sedano nero ripieno*

**セーダノ・ネーロ・リピエーノ**

ゆでた黒セロリに豚肉と豚の腸詰めを挽いたものをはさみ、フリットにしてミートソースをかけたもの（P120）。

アドリア海　ビッシェーリエの港

# Puglia

プーリア州

## イタリアのかかとにある州

イタリアの南部にある州。州都はバーリ。
魚介や野菜に恵まれ、また豊かな食肉が
食通を満足させる。

トゥルッリ

> 野菜料理はメイン料理になるほど
> 力強く滋味豊かな味わい

　イタリア半島は長靴のような形をしているが、そのかかとに近い部分に
あるのがプーリア州だ。右にアドリア海、また左にイオニア海という二つ
の海を擁した立地は豊かな魚介に恵まれる。また平野部では、深い味わい

の多彩な野菜を栽培している。羊や牛、馬などの食肉の生産も活発なので、食材の宝庫のような州といえる。

　そこに上質なオリーブオイルが搾油されているのだから、文句のつけようもない。オリーブの木は太い幹が特徴の樹齢100年以上の"セコラーリ"と呼ばれるもので、それが数十キロにわたり緑の葉を茂らせている風景は壮観だ。"セコラーリ"が生み出すオリーブオイルは、その力強い姿と対照的でソフトな風味だと思う。だから、どんな食材とも相性が良く郷土の料理にたっぷりと使われている。

　実はイタリアのオリーブオイルの全生産量の3分の1をプーリア州が生産しているのだ。また、北部や中部に暮らすイタリア人がこの州に別荘を持ちたがるのは、紺碧の海があるからだけではなく、食の豊かさに目をつけてのことだと容易に想像がつく。白亜の町やトゥルッリ（P122）と呼ばれるとんがり屋根の小さくて丸い家屋が並ぶ世界遺産の村があるので海外の観光客にも人気がある。

バーリ県やブリンディシ県では太い幹のオリーブの林が延々と続く。

バーリ県の内陸部、白亜の町のロコロトンド。

オリーブオイルと食材たち。どんな料理にもたっぷりかけていただくのがプーリア風。

ランパッショーニ・フリッティ。この野菜は
酢漬けにして年間を通して食べられている。

　そんなプーリア州の郷土の味、まずは珍しい野菜「ランパッショーネ」の料理からご紹介したい。ランパッショーネは野生の小玉ねぎの一種で、古代ギリシャ人や古代ローマ人は催淫剤（さいいん）として食していたと伝わる。それを素揚げしたのが「ランパッショーニ・フリッティ」。

　うっすらと紫がかった野菜を揚げると外側の皮が花のように開いて見た目が華やか。食べてみるとまるで百合根（ゆりね）のようなモッチリとした食感で微かにほろ苦い。プーリア州の食の旅、めぐり合った初めての味に出だしから期待が高まった。

　皿いっぱいに盛られた緑のピューレ、「プレ・ディ・ファーヴェ・エ・チコリア」は水に戻して柔らかくした乾燥空豆とじゃがいも、葉野菜のチコリア（和名キクジシャ）を煮て、アンチョビーとにんにくで味つけした野菜料理。

　オリーブオイルをたっぷりかけて、まろやかな喉越しにしていただく。この料理をおいしく作るコツは、空豆を煮込む際に下手に混ぜたりしないこと。混ぜムラができて穴が空いたようになると、そこから焦げてしまうからだ。

　素材がいいとこんなにおいしくなるの！　と思わず手を打ちたくなったのが、フォッジャ県の北東にあるガルガーノ国立公園の民宿で食べた山の新鮮な空気を感じさせる一皿の「パンコット」。

ガルガーノ国立公園内には
公園ができる前から土地を
所有していた農家がある。

プレ・ディ・ファーヴェ・エ・チコリア。
プーリア州の代表料理の一つ。

パンコット。たっぷりの
オリーブオイルとパンを
入れて煮た野菜スープ。

　大きな鍋に井戸水をそそぎ、裏山に生えている野生のチコリア、フェン
ネル、それに、にんにく、じゃがいもと玉ねぎを加え、材料に火が通った
ら固くなったパンを入れただけの料理。しかし、野菜の味がしっかりして
いるとブイヨンを入れなくても、こんなに深い味になるのかと感心してし
まうほど美味。民宿を営む老夫婦の優しさが料理の味をさらに上げていた
のかもしれない。

## プーリア州にしかない
## 個性豊かなパスタ料理

　イタリアの各地を旅して変わった形のパスタに出会っ
てきた私だが、この州の人はナイフ使いの名人？　と
思わずにいられないのが、手作りパスタの「オレッキ
エッテ」と「ストラシナーティ」。生地を作り、ひも状
に伸ばして小さく切り分け、ナイフを生地に押しつけ
るようにして転がし小さなパスタを次々に作っていく。

小さくて丸いパスタの
ストラシナーティ（上）、
オレッキエッテ（右）、
カヴァテッリ（左）は
すべて手作り。

　そして、あっという間にパスタの山ができる。この作業をすべて親指で
する人がいると聞き、魔法の親指でも持っているのかと目を丸くした。「ス
トラシナーティ」の起源は1500年代にさかのぼると伝わる。あるパン屋の
娘が結婚する際に、式を挙げることになった州都バーリのサン・ニコラ教
会にこのパスタを贈ったという記述が残されているからだ。

ストラシナーティ・コン・チーメ・ディ・ラーパ。ほろ苦いかぶの新芽が色鮮やかにパスタを飾る。

　そんな歴史を持つパスタ料理が「ストラシナーティ・コン・チーメ・ディ・ラーパ」。ゆでたかぶの新芽をパスタと和えて、にんにくとアンチョビーで味を調え、仕上げにたっぷりのオリーブオイルで炒めた細かいパン粉をかけたもの。ペペロンチーノで味をしめることもある。パン粉をかけると風味が増すし、ボリュームが出るから嬉しい。「ストラシナーティ・コン・チーメ・ディ・ラーパ」は、野菜のおいしいプーリア州の代表的なパスタ料理といわれる一皿だ。

オレッキエッテ。親指でパスタを帽子のように膨らませたらでき上がり。

　また、耳たぶのような形をした「オレッキエッテ」に至ってはナイフで生地を転がした後、さらにパスタを親指にかけて丸みをつけている。

　このパスタはその形から"神父の帽子"という別名を持つ。上質な食材に恵まれているから調理は簡単なものが多いが、パスタ作りには手間を惜しまない。職人気質に誇りを持ち、世界中から"食のイタリア"と言わしめる所以をどの州へ行っても感じてしまう。

　「オレッキエッテ・コン・ラグー・ディ・カルネ」は巻いた薄切り肉をトマトピューレで煮込み、オレッキエッテにかけたもの。

オレッキエッテ・コン・ラグー・ディ・カルネ。巻いた肉をトマトピューレでじっくり煮込んだソースをかけたもの。

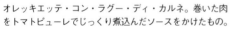

チチェリ・エ・トゥリア。揚げたパスタを
エジプト豆のスープパスタに加えたもの。

オレッキエッテはストラシナーティの一種で比較的近年食べられるようになったパスタだが、プーリア州各地でこのパスタ料理を見かける。トマトソースで和えたり、かぶの新芽と合わせたり、地域によってソースや具材はさまざまだ。

プーリア州にロングパスタはないのかと探していたら、斬新なパスタ料理に出会うことができた。それが「チチェリ・エ・トゥリア」の一皿。

アラブ由来のメニュー名で、チチェリとはひよこ豆、トゥリアはパスタのこと。州のつけ根、海の絶景が望める地、レッチェやサレントの名物で、ひよこ豆の入ったスープパスタだ。パスタの生地はセモリナ粉で作り、太めのタリアテッレぐらいに切り分けるが、その3分の1ぐらいの量を油で揚げて最後にスープに入れて煮込む。

ひよこ豆を香味野菜やにんにくと一緒にゆで、そのゆで汁をブイヨンに見立てて生パスタと揚げパスタを加える珍しい調理法で、とろみがつくまで少し煮込んででき上がり。

スープパスタを食べている間に微笑ましい話を聞いた。その昔、お産が近づくとパスタを使って生まれる子の性別を占っていたというものだ。パスタのオレッキエッテを一つとトゥリアを5センチほどに切って湯の煮立つ鍋に入れてみる。オレッキエッテが先にゆだれば女の子、トゥリアがゆだれば男の子。古き良きプーリア州の一コマ、パスタを入れた鍋を今か今かと見つめる夫婦や親族の姿が目に浮かぶ。

## 二つの海の贈り物、多種類のムール貝は 食通をうならせる味

アドリア海とイオニア海に面した町は捕れたての魚が食卓に上がる。日本のように刺身文化はないものの、生の貝を食べる習慣が根づいてきた。とくにイオニア海に面したターラントでは、海水と34ヵ所の海底から湧き

出す泉が混ざる内海の"マーレ・ピッコロ"でムール貝の養殖が盛んに行われている。ターラントは1000年も前からムール貝漁を行ってきた歴史があり、品質はイタリア随一だ。また、この州の海辺の町では古くから生のムール貝を食べる習慣がある。

リストランテのみならず家庭でも、また通りの屋台でも、殻を開けた生のムール貝を気軽に食べている。ターラントのムール貝の中でも極上といわれるのが、外海の岩にへばりつく、貝殻の表面が軟毛に覆われた"ペローゾ（毛深いの意）"という種類。

ペローゾ。味も大きさも極上。上がペローゾ。下が一般的なムール貝。

大粒の身がぷっくりとしており、ミルキーでほんのりとした苦味がたまらない。また、大きな牡蠣や海のトリュフと呼ばれるマルスダレイガイ科の"タルトゥフォ・ディ・マーレ"、黒ムール貝、そして先のペローゾを盛り合わせたのが「フルッティ・ディ・マーレ・クルーディ」。

大皿にドーンと盛られた生の貝のオンパレード、個性に富んだ貝のうま味に嬉しい悲鳴をあげた。

ムール貝のグラタン「コッツェ・アッラガナーテ」は黒ムール貝の身にパセリとにんにくのみじん切り、パン粉とおろしチーズ、こしょうを合わせた詰め物をしてオーブンで焼き上げた料理だ。貝は塩分を含んでいるので詰め物に塩を入れない。

フルッティ・ディ・マーレ・クルーディ。貝好きにはたまらないゴージャスな生の貝の盛り合わせ。

コッツェ・アッラガナーテ。イタリアの細かいパン粉をまぶしてオーブンで焼き上げたムール貝のグラタン。

ティエラ・アッラ・バレーゼ。栄養満点なプーリア風の鍋料理。

　ムール貝は生でよし、グラタンにしてよしだと思っていたら、アドリア海に面したバーリ県には郷土に伝わるムール貝の米料理まであるという。それが「ティエラ・アッラ・バレーゼ」。

　メニューの"ティエラ"とはテッラコッタの鍋のことで、この鍋を使うか否かで料理の味が大きく左右される。"ティエラ"はプーリア州を一つにまとめる！　といわれるほど州全体で使われている鍋だ。鍋の中にオリーブオイル、じゃがいもの薄切り、ミニトマト、パセリ、ムール貝そして米の順番に食材を層状に重ねていく。それを繰り返し、鍋いっぱいになったら羊のチーズをふりかけ、オーブンで焼いたものだ。

　この料理はスペインの米料理"パエリア"に端を発するといわれているが、元は農民料理で野菜と米だけで作られていたという説もある。思わぬ素材の組み合わせに、眼からうろこのプーリア風鍋料理であった。

## ぐるぐる巻きの内臓料理と国立公園を歩く牛の炭火焼き

　広い平野部があるプーリア州は野菜の栽培や畜産がさかんで肉や内臓、また腸詰めがメイン料理に賑わいを与えている。

肉や腸詰めのミックスグリル。

州の内陸部で食べられているのが羊の内臓料理、「ニュマリエッディ」。

料理名が方言なので地域によって呼び名が違い「ギエメリッデ」とメニューに記載されていることもある。違う料理だと思い頼んでみたら「ニュマリエッディ」が出てきたので分かったことだ。

ニュマリエッディ。地域によって呼び名が変わる。また、調理法はグリルだけでなくトマトピューレと香草で煮込み食べられている。

この料理は仔羊の膵臓や胸腺、肝臓や肺、心臓などの部分をいくつか選び、イタリアンパセリや月桂樹の葉などを乗せて網脂でまとめ、腸でぐるぐる巻きにしてグリルしたもの。焦げがつくほどしっかり焼き込まれた「ニュマリエッディ」は、歯触りが良く、内臓が新鮮なのでまったく臭みがない。香草の香りがさわやかな後口を残した。

またイタリアでもフリーレンジ（放し飼い）の家畜が高い評価を得ているが、その極めつけといえるのが、ガルガーノ国立公園（P124）で放し飼いされている牛のステーキ「ビステッカ・ディ・ヴィテッラ・ポドリカ」だ。イタリア広しといえども、国立公園を我が庭と歩き回る牛はそういない。

大きなステーキは柔らかく、草原の香りのようなデリケートな野趣がある。付け合わせは、ランパーショネの酢漬けと乾燥トマトのオイル漬け。自然豊かなプーリア州の醍醐味を満喫するのにふさわしい、シンプルだけど土地の個性が凝縮された一皿を食べて、大満足で食の旅の幕を閉じた。

ビステッカ・ディ・ヴィテッラ・ポドリカ。無農薬の草を食み、井戸の天然水を飲んで澄んだ空気の中で育つ仔牛を暖炉で丁寧に焼いたもの。

# Puglia プーリア州

リストランテのメニュー選びにおすすめの料理

## Antipasto 前菜

### Lampascioni fritti
**ランパッショーニ・フリッティ**

プーリア州の野菜で小玉ねぎの一種の素揚げ (P124)。

### Frutti di mare crudi
**フルッティ・ディ・マーレ・クルーディ**

数種類の生のムール貝、生牡蠣、海のトリュフと呼ばれる貝タルトゥフォ・ディ・マーレの盛り合わせ (P128)。

### Puré di fave e cicoria
**プレ・ディ・ファーヴェ・エ・チコリア**

乾燥空豆を水に戻しじゃがいも、チコリアと一緒に煮てアンチョビー、にんにくで味つけしたピューレ (P124)。

### Capocollo
**カポコッロ**

豚の腰肉にヴィンコット（ぶどうのしぼり汁を煮たもの）と香草に漬けて作った腸詰めをくん製にしたサラミ。

## Primo piatto 第一皿

### Cavatelli con pomodoro e capocollo
**カヴァテッリ・コン・ポモドーロ・エ・カポコッロ**

2センチほどの小さなパスタにトマトとカポコッロのサラミを和えたもの。

### Pancotto
**パンコット**

野生のチコリア、フェンネル、にんにく、じゃがいもと玉ねぎのスープ。オリーブオイルをかけたパンを浸して食べる料理 (P125)。

### Strascinati con cima di Rapa
**ストラシナーティ・コン・チーメ・ディ・ラーパ**

パスタのストラシナーティとかぶの新芽を合わせにんにく、アンチョビーで味を調えたもの (P126)。

### Orecchiette con ragù di carne
**オレッキエッテ・コン・ラグー・ディ・カルネ**

セモリナ粉と小麦粉で作った親指大のくぼみのあるパスタに巻いた肉をトマトピューレで煮込んだソースをかけたもの (P126)。

### Ciceri e tria
**チチェリ・エ・トゥリア**

ひよこ豆のスープにロングパスタと揚げたパスタを入れたスープパスタ (P127)。

### Tiera alla barese
**ティエラ・アッラ・バレーゼ**

テラコッタの鍋に米やじゃがいも、トマト、ムール貝を層状に重ねてチーズをかけてオーブンで焼いたもの (P129)。

## Secondo piatto 第二皿

### Cozze arraganat
**コッツェ・アッラガナーテ**

ムール貝のイタリア風グラタン (P129)。

### Gnumarieddi
**ニュマリエッディ**

数種の羊の内臓を網脂でまとめ、さらに腸でぐるぐる巻いてグリルしたもの (P130)。

### Bistecca di vitella podolica
**ビステッカ・ディ・ヴィテッラ・ポドリカ**

放し飼いの雌の仔牛を暖炉か薪窯で焼いたもの (P130)。

### Polpo alla marinara
**ポルポ・アッラ・マリナーラ**

たこのマリネー。

### Cavallo al sugo
**カヴァッロ・アル・スーゴ**

月桂樹の葉で香りをつけたトマトピューレで下ゆでした馬肉を煮込んだもの。

サルデーニャ島
の羊たち

# Sardegna

サルデーニャ島

## 豊かな大地が島料理を育む

イタリア半島の西方に位置し、シチリア島に次いで
2番目に大きな島。州都はカリアリ。
羊飼いの島は自然豊かで、そして歴史の足跡が。

ヌーオロ近郊風景

## 羊なしでは始まらない
## バルバジャ地方のチーズと料理

　イタリア本土とは一味違った文化を持つサルデーニャ島は、イタリアで
二番目に大きな島で四国を少し大きくした広さだ。島は西地中海の中心と
して古くは古代ローマ帝国の侵略を受け、ローマの穀倉地帯の役割を果た

サルデーニャ島の風景

した歴史を持つ。その後も多くの国の占領下に置かれたが14世紀以降はスペインのアラゴン家が島を手中に収めた。

　サルデーニャ島では島独自のサルデーニャ語がいまだ広く使われており、その言語にはカタルーニャ語やスペイン語などの影響がみられる。そんな背景から、料理にはカタルーニャ地方はもとよりアラブや北アフリカなどの足跡が残る。また、サルデーニャ島は「羊飼いの島」と呼ばれてきた。

　実は魚料理が島料理に加えられるようになったのは世界旅行に拍車がかかった1950年以降。サルデーニャ島の海の色に魅せられて、ヨーロッパや他国から観光客が訪れるようになると、腕のいいシェフが新鮮な魚に目をつけないわけがない。北西部の沿岸では極上のアラゴスタ（伊勢海老）がレストランの看板メニューになり、それ以外の鮮魚が郷土料理に加えられた。

　しかし、沿岸部と内陸部では現在も食文化に大きな差がある。島の東、バルバジャ地方の内陸部、ヌーオロ県周辺の村では牧畜が盛んで、車を走らせると羊の姿が人より目立つ。そんな村の一つ"ガヴォイ"では豊かな自然の中で育つ羊の料理、羊のチーズと羊一色のごちそうが昔から今へ伝えられてきた。早速、羊のチーズ「ペコリーノ・サルド」の盛り合わせ「フォルマッジ・ミスティ」を頼むと、島の代表的なチーズが数種類のスティック状で運ばれた。紫色のラインが入ったまるでクッキーのようなチーズは、白い花が可憐なミルト（和名ギンバイカ）の実のエキスをチーズに混ぜたものだ。

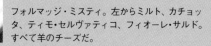
フォルマッジ・ミスティ。左からミルト、カチョッタ、ティモ・セルヴァティコ、フィオーレ・サルド。すべて羊のチーズだ。

カース・マルツゥ。サルデーニャ島で昔から食べられてきた。

色合いの良さに誘われ食べてみると、かんばしい切り立てのチーズの味にミルトの酸味が適度に混ざり口に広がった。それ以外にもハーブのタイムをまぶしたティモ・セルヴァティコや、12年熟成のカチョッタ、そしてフィオーレ・サルドと呼ばれるちょっとスモーキーな深みのあるチーズが盛り合わせられていた。

なんとフィオーレ・サルドの起源はヌラーゲ文明の時代にさかのぼると伝えられている。

ちなみに「ペコリーノ・サルド」は色が白っぽいソフトタイプだと20日から2ヵ月ぐらいの熟成を経て食べられるようになるが、濃い黄色の深い味わいのものは1年から2年の熟成期間を持つ。どれも頬っぺたが落ちそうなぐらい美味だ。

私がサルデーニャ島へ行ったら必ず食べると決めていたのが「カース・マルツゥ」というかなりマニアックなチーズ。

熟成前の「フィオーレ・サルド」にチーズバエの幼虫を入れ発酵を促すと聞いただけで、尻込みしてしまう方がいるに違いない。欧州連合の食品規制では幼虫が体内に危険をもたらす可能性があるので、このチーズ作りを認めていないのだが、サルデーニャ島では長い月日を経て食べられてきた。食いしん坊の私は、そんなことお構いなしでパクリといただいた。

クリーミーでちょっとピリッとした刺激があり、スモーキーな後味が癖になりそう。チーズの賞味期間は最長4ヵ月と聞き少しヒヤリとしたが、やはり珍味には食指が動く。

いよいよ本命の羊料理だが、最初にいただいたのが仔羊料理の「ストゥファート・ディ・アニェッロ・コン・パターテ・エ・ザッフェラーノ」。

ストゥファート・ディ・アニェッロ・コン・パターテ・エ・ザッフェラーノ。サフラン風味のじゃがいもが仔羊と実によく合う。

メニュー名が長いから何？　と思われるだろうが、仔羊とじゃがいものサフラン風味のシチューだ。ガヴォイ村はじゃがいもの産地でその味に定評があり、また、サフランは中西部の特産物。サルデーニャ島は、肉も野菜も香辛料にもことかかない。

仔羊の肉に玉ねぎを加え、少し煮えたら白ワインをそそぎ月桂樹の葉でアクセントをつけてさらに煮込んだものに、サフラン風味のじゃがいもを盛り合わせた料理。色鮮やかでスッキリした味わいのじゃがいもと仔羊はなかなかの組み合わせ。これ一品でかなりお腹がいっぱいになる。

最高の品質のサン・ガヴィアーノ・モンレアーレのサフランは花の花弁を一つ一つ摘んでいく。

また、イタリア本土では肉が硬いと敬遠されがちな成長した雌羊を使った料理が「ペーコラ・イン・カッポット」。

ちなみにイタリア語を直訳すると"イン・カポット"は"コートで"になるが、出された皿を見てまさにその通りだ！　と納得した。玉ねぎ、じゃがいも、羊の肉に塩を入れて煮込んだだけのとても素朴な料理だが、まるで肉がコートを着ているかのように板状のパンに囲まれていたのだ。肉はとても柔らかく、若草の香りすら感じる。それもそのはず、この料理は羊が若草を食む5、6月が一番おいしいのだとか。サルデーニャ取材を5月に選んだ幸運に感謝せずにいられなかった。

ペーコラ・イン・カッポット。サルデーニャのパン、「パーネ・カラサウ」に浸していただく。

また、折るとカサカサと音を立てて割れる肉の周りのものは、各地で食べられている島のパン、「パーネ・カラサウ」（次頁に掲載）。宗教音楽の楽譜に似ているので、「音楽の紙」とも呼ばれている。セモリナ粉にビール酵母を加えて、薄く延ばしてオーブンで焼くと、まるで風船のように膨れる。

それを上下二つに切り分けて、もう一度オーブンで焼くと乾いた木の葉のような音を立てるほどパリパリになる。「パーネ・カラサウ」は2度焼きしているので、1ヵ月は保存可能。しかし、汁気のある料理に浸すと水分をよく吸いトロリとする。

羊料理のおいしいエキスをしっかり染み込ませて、口に入れるとまた若草を思わせる風味がほのかに香った。

## "S"で終わるメニュー、それはサルデーニャ料理の印

イタリア本土では"S"で終わる料理名をほとんど見かけない。だから、サルデーニャ島各地のリストランテでメニューを開き、あ然とした。イタリア語ではない、しかもどんな料理か分からない"S"で終わる料理名をあちらこちらで見つけたからだ。

この島はいわゆる、方言とはちょっと違うサルデーニャ語が使われているが、長く島を統治したアラゴン家やスペインに大きく影響を受けている。そして、スペイン語は確か"S"で終わる単語が多かったと戸惑いながら"S"料理を見つけるたびに試してみた。最初の"S"は西の町カブラスの前菜メニュー「オルジアーダス」。

何の料理か興味津々で待つと、皿に盛りつけられた料理は揚げ物。なんとイタリア語で「海のアネモネ」と呼ばれるイソギンチャクの唐揚げだった。イソギンチャクをザルにあげ、砂を取り水気を切ってからセモリナ粉と小麦粉をつけて、からりと揚げたものだ。風味は牡蠣に似ていて口当たりが柔らかい。その

マッカローネス・コン・ラグー・ディ・カプラ。パスタは３センチぐらいの大きさで手作り。

昔、イソギンチャクは岩にゴロゴロついていたが、今ではアクアラングをつけて海底をさまよいようやく見つけられるほど希少な食材になっている。

また、州都カリアリの町で食べたのがパスタの「マッカローネス」。ショートパスタのマカロニを山羊のミートソースで和えた「マッカローネス・コン・ラグー・ディ・カプラ」だ。

本土のミートソースと違うのは、山羊の肉を使い、島の極上サフランで風味を豊かにしているところ。長さ３センチぐらいのパスタはセモリナ粉と水、塩だけで生地を作り、小さく切った種を指で台に押しつけ転がすか、種に竹串を押し込みＵの字をかたどる。そして、横に筋目をつけたい時は専用の木型を使う。いずれにしても根気のいる作業だ。

山羊の肉は羊よりデリケート、そして厳選された素材で作られたパスタ料理はさわやかなサフランの香りを放ち、申し分ない味わいだった。

ロングパスタの「マッロレッドゥス・アッラ・カンピダネーゼ」はセモリナ粉で作ったパスタ。

マッロレッドゥス・アッラ・カンピダネーゼ。カンピダネーゼとはカリアリ風という意味。

腸詰めの中身とトマトピューレと島の赤ワイン、「カンノナウ」で作ったソースで和える。果実味があり力強い「カンノナウ」をソースに使うとは、なんてぜいたくなソースなのだろうか。私が最も好きなサルデーニャワインはパスタソースを実に奥深い香りに仕上げていた。サルデーニャ島は同じパスタでも、地域によって呼び名が変わりレシピも変わる。島民は地元の料理

クルルジョーネス・ディ・パターテ。詰め物はミント風味のチーズ入りじゃがいも。

を愛し、今も大切にしているのだ。

　ところで、この地でまるでデザートのような詰め物パスタを賞味することができた。ローマに戻った後もサルデーニャ島の食品専門店を見つけるたびに、このパスタはないかと尋ねて歩いた。その名は「クルルジョーネス・ディ・パターテ」。

　小麦粉に少量のラードを入れた生地で、ゆでたじゃがいも、羊のチーズ、ミントの葉、そしてほんの少しにんにくを入れた具を包んだもの。パスタの上に一筆書きのように濃いトマトソースで線を描き、羊のチーズをふりかけ仕上げる。「クルルジョーネス・ディ・パターテ」をフォークで切り分け口に入れた途端、ミントが香る熱々のじゃがいもがニュルリとはみ出し、その食感がたまらない。

　伝統料理の芸術品といっても過言でない見た目と味の詰め物パスタだ。

　また、メイン料理のメニューにも"S"の字で終わるものがあった。なんの料理か分からないままに注文すると、ピラミッド型に積まれたたくさんのカタツムリが現れた。トマトソースで煮込んだカタツムリ料理が「シッツィゴールス・クン・バーニャ」。「シッツィゴールス」はサルデーニャ語でカタツムリを意味する。白い殻に茶色の縞（しま）模様があるカタツムリの身を竹串でひねるように取り出しかみしめると、歯に心地よい弾力が。

シッツィゴールス・クン・バーニャ。この地はバラエティあふれるカタツムリ料理が豊富。

微かにほろ苦くミントの香りとペペロンチーノが味を決めていた。

　実はサルデーニャ島は数種類のカタツムリが簡単に採取できる。サルデーニャ料理の本を開くと"カタツムリ料理"と題したページがあるほどだ。

　トマトピューレとハーブの味つけ、またレモンオリーブ、にんにくとペペロンチーノなど、レシピの枚挙にいとまがない。"S"字のメニューの探究はカタツムリ料理で華々しく幕を閉じた。

# 島の伝統的な魚料理と
# ぼらのからすみ"ボッタルガ"

　新鮮な魚介類が島料理に登場したのは近年のことだが、沿岸部ではわずかながらも近場で捕れるものが郷土の味として伝えられてきた。

　州都のカリアリは海に面しているが"スターニョ・ディ・カリアリ"と呼ばれる広さが1300ヘクタールのラグーナを擁する。そんな立地ゆえ、うなぎをはじめとする魚が昔から食べられてきた。

　ラグーナ近くのリストランテではさまざまな魚料理を食べることができる。まずは前菜の盛り合わせ、「アンティパスト・ミスト」は個性にあふれたものばかり。

　ゆでた魚の内臓とにんにく、くるみ、ワインビネガーでトラザメのボイルを和えた「ブリッダ」、そして「ペーシェ・ヴァッカ・アッラ・カタラーナ」（次頁に掲載）というエドアブラザメをゆでて色鮮やかなトマトと生の玉ねぎを和えたカタラーナ風もいただいた。

アンティパスト・ミスト。ラグーナの恵みが満載。

ブリッダ。これも前菜の一品。

Sardegna

139

ペーシェ・ヴァッカ・アッラ・カタラーナ。色鮮やかなトマトとオニオンスライスで飾られたサメ肉の料理。

蟹料理。カリアリのラグーナで水揚げされる小さな蟹はビネガーで味つけする。

「ブリッダ」は本土の他州でも食べられているが、くるみをソースに加えているところがサルデーニャ島らしい。また、「ペーシェ・ヴァッカ・アッラ・カタラーナ」のカタラーナとはスペインのカタルーニャ地方のことなので、料理に歴史の足跡が見られる。

さらに、ペペロンチーノでピリッと味つけしたムール貝やラグーナで捕れた蟹をにんにくとビネガーとオリーブオイルで和えたものなどもオーダーした。

二つ割りにしてある蟹は、日本と同じくムッチリと詰まった身を手づかみでいただく。ラグーナ育ちの蟹は味噌がじんわりしみ出てなんとも美味。

そして、冷蔵庫のない時代に料理を日持ちさせるため、多くの料理にビネガーが使われてきた。

プリモ・ピアットの「フレゴラ・コン・アルセッレ」は、アサリより小振りで貝殻の色合いが優しいニッコウガイと米粒大のパスタ「フレゴラ」のパスタ料理。

「フレゴラ」はその形や大きさからアラブ料理のクスクスを思い出させる。硬質小麦と水で作ったこのパスタはフライパンで水気を飛ばすか、オーブンに入れて乾燥させるから長期保存が可能。「フレゴラ」とニッコウガイはトマトピューレとにんにく、ペペロンチー

フレゴラ・コン・アルセッレ。トマト風味のパスタ料理。

ノで味つけするのが定番で貝を入れたら長く煮込まないのがおいしく作るコツだ。

本土のみならず、サルデーニャ島でも食材の組み合わせは絶妙だ。メイン料理でこんな食べ方があるなんて！　と思わされたのが、うなぎ料理の「アングイーラ・インカッサーダ」。

ラグーナの泥底にひそむ20センチぐらいのうなぎに羊のチーズをかけたものだ。うなぎは肝を残して内臓を取り除き、水と月桂樹の葉とオリーブオイルを入れた鍋で火を通したら、羊のチーズをかけてオーブンで焼くだけ。果たしてうなぎにチーズが合うものかと首をかしげながらいただいたのだが、泥臭さはまったく感じられず柔らかく身に少し粘り気がある。肝のほろ苦さと羊のチーズはそれだけでも白ワインが進みそうな味だった。

ラグーナの珍味を堪能して波止場を散歩していたら漁から戻った船の中、漁師が魚を網から外していた。それを待っていたかのように、小魚を買いに町の人が一人二人と現れる。「魚屋が近くにあるよ」と教えられたので行ってみると、今、食べたばかりのうなぎや生きた蟹がいっぱいで、食欲旺盛な町の活気を伝えていた。

また、州都のカリアリを100キロほど北西に上がったところにあるのがぼらのからすみ「ボッタルガ」の産地、オリスターノ県のカブラスの町。

ここにもラグーナの"スターニョ・ディ・カブラス"があり、からすみの「ボッタルガ」はもとよりぼら料理が楽しめる。「ボッタルガ」の語源はアラビア語だが、別名"地中海の黄金"と呼ばれ古くはフェニキア人や古代ローマ人が食べていたといわれている。

ボッタルガ・コン・カルチョッフィ。産地ならではの大盛り。

ぼらの卵を丁寧に水で洗い2、3時間の塩漬けの後、塩を洗い流し、風通しのいい部屋で一週間ほど乾かすとソフトな「ボッタルガ」になると地元のシェフに教わった。だから、カブラスの前菜の王道はなんといっても「ボッタルガ・コン・カルチョッフィ」。

野菜の栽培が盛んな島では上質のアーティチョークが育つので、スライスしたからすみは生のアーティチョークと一緒にサービスされる。また「ボッタルガ」はセロリとも相性がいいので、私はアーティチョークが柔らかくおいしい秋から冬はアーティチョークと、それ以外の季節はセロリのスライスと合わせている。

何度食べても飽きないのが、「スパゲッティ・コン・ラ・ボッタルガ」。ぼらのからすみの「ボッタルガ」のスパゲッティだ。

オリーブオイルににんにく、ペペロンチーノを入れ、ゆでたスパゲッティを軽く炒めたら、すりおろしたボッタルガを混ぜ合わせただけのシンプルなパスタ料理。しかし、からすみの産地ならではで、パスタが見えないぐらいたっぷりの「ボッタルガ」がすりおろされている。ふくよかな味わいのからすみに嬉しい悲鳴が止まらない。そして、カブラスの町ご自慢のメイン料理はぼらの塩ゆで「ムッジネ・ア・サ・メルカ」。この料理に欠かせないのが町の沼地に生えている「ジバ」と呼ばれる野草だ。沸騰する湯に塩をたっぷり入れてぼらを数分ゆでたら、湯が冷めるまで魚を鍋に入れたままにして中までしっかり火を通す。その後、魚が空気に触れないように野草の「ジバ」でしっかり包んで2、3日置いてようやく食べられる料理。保存がきく「ムッジネ・ア・サ・メル

スパゲッティ・コン・ラ・ボッタルガ。からすみを炒めないのがおいしく食べるコツ。

ムッジネ・ア・サ・メルカ。持ち運びが便利なように手で下げられるように結え、旅の食事にしていた。

カ」は、その昔、馬車で旅をする時のお弁当にしていたという。今も昔もぼらは町の貴重なたんぱく源として大切に料理されていた。

## 舌の上でとろける
## 乳飲み仔豚の丸焼き

　"羊飼いの島"と呼ばれるサルデーニャ島だが、羊に負けず島料理を賑わす家畜がいる。それは体重が7キロぐらいまで成長した乳飲み仔豚。島の代表料理の一つで、今や全土のごちそうになっているのが「ポルチェッドゥ」、乳飲み仔豚の鉄串焼きだ。この料理の起源はスペイン占領期だといわれているが、農家では、復活祭などの特別な日に「ポルチェッドゥ」を作り、家族の安泰に感謝して皆で分け合う習わしがあった。

　乳飲み仔豚の内臓を取り除き、左右二つに切り分けて鉄串に刺し、ミルトの薪をくべた窯でゆっくりじっくり焼き上げる。皮はパリッと肉は柔らかくなくては「ポルチェッドゥ」と呼べない。だから、一見簡単そうに見える鉄串焼きは、実は熟練の腕がものをいう。

ポルチェッドゥ。ほかの豚肉料理と比べものにならない柔らかさと味。

　サルデーニャ島には本土では味わえない郷土料理が深く根づいている。他国の占領下にあっても耐え忍び、守り抜いてきた島の郷土料理は、まさに島民の個性の塊のようなものばかりだった。

# Sardegna サルデーニャ島

リストランテのメニュー選びにおすすめの料理

## Antipasto 前菜

### Formaggi misti
**フォルマッジ・ミスティ**

サルデーニャ島の羊のチーズ、ペコリーノ・サルド、フィオーレ・サルドなどのチーズの盛り合わせ（P133）。

### Antipasto misto
**アンティパスト・ミスト**

カリアリのラグーナで捕れた魚介の前菜（P139）。

### Casu marzu
**カース・マルツゥ**

チーズのフィオーレ・サルドの熟成前にチーズバエの幼虫を入れ発酵を促したもの（P134）。

### Bottarga con carciofi
**ボッタルガ・コン・カルチョッフィ**

ぼらのからすみとアーティチョークの盛り合わせ（P142）。

## Primo piatto 第一皿

### Maccarrones con ragù di capra
**マッカローネス・コン・ラグー・ディ・カプラ**

手作りのマカロニを山羊のミートソースで和えたもの（P137）。

### Spaghetti con la bottarga
**スパゲッティ・コン・ラ・ボッタルガ**

ぼらのからすみのスパゲッティ（P142）。

### Pane fratau
**パーネ・フラッタウ**

パーネ・カラサウにトマトソースと粉チーズをかけて、数枚を重ね、ポーチドエッグを乗せたもの。さらに羊チーズをかけることがある。

### Culurgiones de patate
**クルルジョーネス・ディ・パターテ**

ゆでたじゃがいも、ミント、羊のチーズの詰め物パスタ（P138）。

### Fregola con arselle
**フレゴラ・コン・アルセッレ**

小粒のパスタのフレゴラをトマトピューレ、にんにく、ペペロンチーノのスープに入れたもの（P140）。

### Malloreddus alla campidanese
**マッロレッドゥス・アッラ・カンピダネーゼ**

セモリナ粉で作ったロングパスタをトマトピューレと赤ワインのカンノナウのソースで和えたもの（P137）。

## Secondo piatto 第二皿

### Stufato di agnello con patate e zafferano
**ストゥファート・ディ・アニェッロ・コン・パターテ・エ・ザッフェラーノ**

仔羊と玉ねぎの煮込みとサフラン風味のじゃがいもの盛り合わせ（P134）。

### Pecora in cappotto
**ペーコラ・イン・カッポット**

雌羊の肉と玉ねぎ、じゃがいもを煮込みパーネ・カラサウを添えたもの（P135）。

### Sizzigorrus cun bagna
**シッツィゴールス・クン・バーニャ**

トマトソースで煮込んだカタツムリ料理（P138）。

### Porceddu
**ポルチェッドゥ**

乳飲み仔豚の鉄串焼き（P143）。

### Orziadas
**オルジアーダス**

イソギンチャクの唐揚げ（P136）。

### Anguilla incasada
**アングイーラ・インカッサーダ**

月桂樹の葉を入れて煮込んだうなぎに羊のチーズをかけオーブンで焼いたもの（P141）。

### Mugine a sa merca
**ムッジネ・ア・サ・メルカ**

塩をたっぷり入れた鍋でぼらをゆで、野草のジバに包んで2、3日置き味を調えたもの（P143）。

# イタリアの お菓子とチーズ

‖　ジャンドゥイオッティ　‖

## 1 カーニバルと 「ジャンドゥイオッティ」

チョコレートの原料、カカオがトリノのサヴォイア家で使われるようになったのは1500年代のこと。その後、100年あまりの月日を経て、ようやく庶民の口に入るようになった。

そんなカカオを使ったカーニバルのお菓子がソフトな口当たりのナッツクリームのチョコレート「ジャンドゥイオッティ」。

その昔、三角帽子がトレードマークの酔っ払いのジャンニという男が"ドゥイア"という瓶にワインを入れて持ち歩いていたのだそう。このひょうきんな酔っ払いがカーニバルの登場人物になったことにちなみ、男の三角帽子をかたどったチョコレート「ジャンドゥイオッティ」が作られるようになった。

|| クレーマ・ザバイオーネ ||

## ② 聖人がもたらした 「クレーマ・ザバイオーネ」

新鮮な卵とマルサラ酒を材料にした「クレーマ・ザバイオーネ」は、リストランテのドルチェメニューに名を連ねる大人向けのデザート。 お菓子の専門店の"パスティッチェリア"では「クレーマ・ザバイオーネ」をショーケースの中に陳列している。

サヴォイア家がサン・カンタンの戦いでフランスを破った際に、 後に聖人になったパスクワーレ・バイロンがサヴォイア公についてトリノへ渡り、

このエレガントなお菓子「クレーマ・ザバイオーネ」を作ったと伝えられている。

## ③ 「ティラミス」は 滋養食品

今や日本でもよく見かけるようになったイタリア生まれのお菓子「ティラミス」。 本家を離れてアイスクリームやチョコレートなどティラミスフレーバーのお菓子のバリエーションが広がっている。

ヴェネツィアがあるヴェネト州の街トレヴィーゾの「ティラミス」は特にお

‖　　ティラミス　　‖

いしいと評判だ。

　そしてこのお菓子は、「食べると元気が出る」といわれているのだ。材料に栄養たっぷりのマスカルポーネチーズ、卵、コーヒーやカカオパウダーが使われるので、確かにパワフルなお菓子になるはずだが、「元気」のいわれは名前の語源、ティラルミ・スー(私を元気にして)からきている。

## 4 恋人に想いを告げる「マリトッツォ」

　ローマ発祥のお菓子の一つに「マリトッツォ」がある。「マリトッツォ」は、

バターロール型のパンに切り込みを入れて、中にたっぷりのホイップクリームを詰めたもの。パンの生地には蜂蜜が練り込まれていて、食感はしっとりしていてソフトだ。

　「マリトッツォ」は街のバールでもよく見かける。普段の日の朝はエスプレッソかカップチーノだけであわただしく出勤する人も、週末のブランチはお菓子の「マリトッツォ」を食べてゆったりとした時を過ごす。

　イタリア語で夫は"マリート"になるが、"マリトッツォ"は夫に親愛を込めた呼び方。それがお菓子の名前になったのは、お菓子よりも甘い婚約者達の習慣に由来すると伝わる。

|| マリトッツォ ||

　男性は婚約者の女性にもっと愛されたいと、このお菓子を贈ることがあった。そして、時にホイップクリームの中に指輪や宝石を忍ばせることがあったといわれている。

　ちゃめっ気たっぷりで愛情深いローマの恋人達らしいエピソードだ。

## 5 恋する青年と「ゴルゴンゾーラチーズ」

　チーズの「ゴルゴンゾーラ」は主に北イタリア、トリノオリンピックが開催されたピエモンテ州、またファッションの街、ミラノがあるロンバルディア州で作られている青カビのチーズのこと。

　ゴルゴンゾーラは牛の乳を低温殺菌したら、青カビの胞子、乳酸発酵菌、仔牛の胃から抽出した凝固液を入れて作られる。

　ゴルゴンゾーラがどうしてイタリアで作られるようになったかの逸話がある。

　〈昔々チーズの発祥地、ロンバルディア州のゴルゴンゾーラという村に一人の恋する酪農家の青年がいました（現在ではもうこの村で「ゴルゴンゾーラ」のチーズを作らなくなってしまったのですが）。

　青年は、実らぬ恋に身をやつし、チーズ作りも上の空です。前日に作ったはずのチーズはうまく固まらず、ドロドロのまま。

　そこで仔牛の胃から取った凝固液を入れるのですが、またもや放置してしまいます。気を取り直して、固まったチーズを切り分けてみたら、なんとそこには青カビがびっしり生えていたのです。

　見た目はどう見てもおいしそうなチーズにはなっていなかったものの、一口食べたらピリッとした刺激が斬新な味わいでした。〉

　それ以来、青カビのチーズがイタリアで作られるようになったと語り継がれている。

## 6 「フォッサチーズ」は農民の知恵の結晶

　エミリア・ロマーニャ州のチーズ、「フォッサ」は羊や牛の乳で作った数種類のチーズを一緒に布袋へ入れて、チーズの名前になった "フォッサ" と呼ばれる地下深く掘られた堀の中で熟成させたもの。

|| ゴルゴンゾーラチーズ ||

|| フォッサチーズ ||

この「フォッサチーズ」が生まれた
きっかけは以下のように伝わる。

15世紀のこと、ナポリ王国を統治
していたアラゴン家が戦いのためにこ
の地方へ軍隊を遠征させたが、長引
く滞在に兵隊が飢えはじめ、農民の
食料を略奪するようになった。しかし
農民は、大切なチーズを守るために
こっそり堀のフォッサへ隠した。よう
やくアラゴン家の軍隊が撤退したのは
数ヵ月も過ぎた頃のこと。

農民はチーズがカビだらけになり、
もう食べられないだろうと半ばあきら
めていたが、チーズを堀から取り出し、
味見してみたところ、程よい熟成が
功を奏し、なんとチーズは最高の味
わいになっていたのだ。

現在も食べ継がれている風味豊かな

「フォッサ」のチーズ、熟成期間は
8月から11月の3ヵ月。

アラゴン軍がこの地を後にしたのも、
夏を越した11月だったとのことだ。

## 7 コロンブスと「パルミジャーノ・レッジャーノチーズ」

海洋王国として名をはせたジェノヴァ
の町には、「パルミジャーノ・レッジャー
ノチーズ」をガレー船に積んで他国
へ売っていたことを記す13世紀の公
正証書が残されている。

「パルミジャーノ・レッジャーノチーズ」
はエミリア・ロマーニャ州の特産物だ
が、ジェノヴァに修道院が建てられた
時に修道士によりチーズが彼の地に
持ち込まれていた。

そして、アメリカ大陸を発見したク
リストファー・コロンブスが父のドメニ
コを手伝い、船を操りワインやチー
ズを売りに大海原へ繰り出した際も「パ
ルミジャーノ・レッジャーノチーズ」を
積んでいたと伝わる。

時を経てルネッサンスに時代が変わ
ると、長い航海の際にチーズは商品
としてのみならず、船上で食べる乾
燥パスタの調理に欠かせないものとな
り、船員達の腹を満たしていた。

|| パルミジャーノ・レッジャーノチーズ ||

# イタリアのリストランテ、取材協力店

本書で紹介した料理を提供しているレストランです。
メニューには変動があるため、訪れる前に確認してから行くことをおすすめします。

（エリア:掲載順　店舗名:順不同　掲載情報は2021年5月時点のものです）

## ラッツィオ州

### Da Gino al Parlamento
Vicolo Rosini, 4, Roma（RM）
☎06-687-3434
http://www.ristoranteparlamento.roma.it
ローマ旧市街のパルラメント広場にある家族経営のローマ料理の店。

### Agustarello a Testaccio
Via Giovanni Branca, 100, Roma（RM）
☎06-574-6585
https://www.facebook.com/agustarellodal1957/
テスタッチョ地区にある本格的なクイント・クワルト料理が味わえる店。

### La Taverna del Ghetto
Via del Portico d'Ottavia, 8, Roma（RM）
☎06-6880-9771
http://www.latavernadelghetto.com
ゲットー地区にありアーティチョークの素揚げやユダヤ風ローマ料理が名物。

### L'oste della Bon'ora
Viale Vittorio Veneto, 133, Grottaferrata（RM）
☎06-941-3778
https://www.lostedellabonora.com
ローマ郊外、グロッタフェッラータにあるローマ料理の店。

### Da Armando al Pantheon
Salita de' Crescenzi, 31, Roma（RM）
☎06-6880-3034
https://www.armandoalpantheon.it
ローマ旧市街のパンテオン広場近くにありローマ料理が楽しめる店。

### Trattoria Da Enzo al 29
Via dei Vascellari, 29, Roma（RM）
☎06-581-2260
http://www.daenzoal29.com
トラステヴェレ地区にあり、戸外のテーブルで味わえるローマ料理が人気。

## ヴェネト州

### Agriturismo Porcaloca
Vicolo Schiavonia, 22,Casale sul Sile（TV）
☎0422-822589
http://www.agriturismoporcaloca.it
自家製の家禽類の腸詰めや料理が人気のアグリトゥーリスモ。

### Toni del Spin
Via Inferiore, 7, Treviso（TV）
☎0422-543829
https://www.ristorantetonidelspin.com
ヴェネツィア料理をはじめとし、ヴェネト州の郷土料理がメニューを彩る。

### Osteria da Mariano
Via Cesare Cecchini, 1, Mestre（VE）
☎041-615765
HPなし
メストレにあるヴェネツィア料理の店で極太麺のビゴリのパスタが美味。

### Borghetti
Via Valpolicella, 47, Verona（VR）
☎045-941045
http://www.hotelborghetti.com
ヴェネト料理を出すホテルレストランでヴェローナ名物の馬肉料理がご自慢

### Dalla Marisa
Canaregio, 652, B-Fondamenta San Giobbe
☎041-720211
HP なし
家庭的な味わいのヴェネツィア料理がメニューを賑わす店。

## トスカーナ州

**La Bottega a Rosano**
Via Primo Maggio, 10, Località' Rosano
Rignano sull'Arno(FI)
☎055-830-3013
https://www.bottegaarosano.it
食料品店の奥にあるレストランでは本格的なチブ
レオが味わえる。

**Osteria In Caciaia**
Via dei Bagni, 38, Livorno(LI)
☎0586-580403
HPなし
リヴォルノ名物、カッチュッコなどリボルノ料理がメ
ニューに満載の店。

**Trattoria Baldini**
Via Il Prato, 96/r(FI)
☎055-287-663
https://www.trattoriabaldini.com
Tボーンステーキや猪のラグーソースで和えたパッ
パルデッレが人気。

**Osteria Mangiando Mangiando**
Via Agnolo da Poliziano, 5/7, Firenze(FI)
☎055-493-5302
http://www.mangiandomangiando.it
黒豚の腸詰めやトスカーナ州のレバーを使ったオー
プンサンドが評判。

**IL Grillo E' Buoncantore**
Piazza XX Settembre, 10, Chiusi(SI)
☎0578-20112
https://www.ilgrilloebuoncantore.com
極太麺のパスタ料理、ピーチ・アッラリオーネやウサ
ギ料理が名物。

## ロンバルディア州

**Bar Ristorante Da Silvio**
Via Madonnina, 2, Chiuro(SO)
☎0342-563006
https://www.ristorantedasilviofancoli.it
イタリアでも珍しい蕎麦粉の料理が味わえる家族
経営の店。

**Da Martino**
Via Carlo Farini, 8, Milano(MI)
☎02-655-4974
https://damartino1950.com
豪快なコストレッタ・アッラ・ミラネーゼがありメネギー
ナ料理が楽しめる。

**Antica Osteria ai Ranari**
Via Trieste, 11, Mantova(MN)
☎0376-328-431
http://www.ranari.it
マントヴァの祝日のごちそう、現在では希少な蛙料
理が味わえる。

**Ai Garibaldini**
Via San Longino, 7, Mantova(MN)
☎0376-224526
https://www.aigaribaldini.it
ルネッサンスが発祥といわれるトルテッリ・ディ・ズッ
カが食べられる。

## カンパーニア州

**La Lanterna**
Via C. G. Aliperta, 8, Somma vesuviana
(NA)
☎081-899-1843
http://www.lalanternaristorante.it
ヴェスヴィオ火山の産物、ピエンノーロ種のミニトマ
トをふんだんに使った料理。

**Hosteria Toledo**
Vico Giardinetto, 78, Napoli,(NA)
☎081-421-257
https://www.hosteriatoledo.it
ナポリの下町、スパニョーリ地区にあるナポリ料理
が気楽に味わえる店。

**Trattoria Il Focolare**
Via Cretajo al Crocefisso, 3 - Barano d'Ischia
(NA)
☎081-902-944
http://www.trattoriailfocolare.it
イスキア島にあり、島の名物アナウサギの土鍋煮
込みが観光客にも人気。

**L'Antica pizzeria da Michele**
Via Cesare Sersale, 1, Napoli(NA)
☎081-553-9204
http://www.damichele.net
ナポリピッツァの王道、マルゲリータとマリナーラの
2種類のピッツァを守り通す店。

**Ristorante Pizzeria Mattozzi**
Piazza Carità, 2, Napoli(NA)
☎081-552-4322
https://www.ristorantemattozzi.it
1833年から営む老舗のピッツェリア。ナポリ料理
も楽しめる。

### Fresco Caracciolo

Via Francesco Caracciolo, 14/B, Napoli (NA)

☎081-051-1200

https://www.frescotrattoria.it

ナポリの海岸線にあるピッツェリア。ガンベロ・ロッソで高い評価を得ている。

### Caffè Gambrinus

Via Chiaia, 1/2, Napoli (NA)

☎081-417-582

https://grancaffegambrinus.com

ナポリの伝統菓子や陶器類を店内で購入できる、町の名所にもなっている老舗カフェ。

## シチリア島

### La Bettolaccia

Via Generale Enrico Fardella, 25, Trapani (TP)

☎0923-25932

https://www.labettolaccia.it

トラパニ沖で捕れたバラエティに富んだまぐろ料理がメニューに満載。

### La Locandiera

Via Catania, 55, San Gregorio di Catania (CT)

☎095-721-5868

https://www.ristorantelalocandiera.it/main/

イタリアでも珍しい海藻のパスタや漁師料理が楽しめるカターニア近郊の店。

### Piccolo Napoli

Piazzetta Mulino a Vento, 4, Palermo (PA)

☎333-329-2576

https://trattoriapiccolonapoli.business.site

パレルモの郷土料理やうにのパスタ、鮮魚料理が食通をうならせる。

### Trattoria del sale

Via Chiusa, Nubia (TP)

☎338-391-5967

https://www.trattoriadelsale.com/site/

トラパニ郊外の塩田近くにあり、トラパニ料理を中心にした郷土料理。

### Casale Villa Rainò

Contrada Rainò, Gangi (PA)

☎0921-644680

http://www.villaraino.it

マドニア高原の麓で育つ地味あふれる食材を使った郷土料理が人気の農村宿。

## ピエモンテ州

### Osteria del Boccondivino

Via Mendicità Istruita, 14, Bra (CN)

☎0172-425674

https://www.osteriadellarco.it

スローフード協会の擁護品に指定されている食材を使った郷土料理。

### La Taverna di frà fiusch

Via Maurizio Beria, 32, Moncalieri (TO)

☎011-8608224

https://frafiusch.it

材料を集めるのが困難な料理、メニューにフィナンツィエーラを掲載。

### La Capuccina

Str. Capuccina, 7, Cureggio (NO)

☎0322-839930

https://lacapuccina.it

農作物のほか、肉や蜂蜜まですべて自家製のアグリトゥーリズモ。

### Ristorante Aquila Nera

Via Roma, 83, Genola (CN)

☎0172-68172

http://www.ristoranteaquilanera.it

ピエモンテ種の牛一頭の部位をぜいたくに使ったゆで肉料理は芸術品。

## リグーリア州

### Sa pesta
Via dei Giustiniani, 16/R, Genova(GE)
☎010-246 8336
http://www.sapesta.it
ペスト・ジェノヴェーゼのパスタが絶品でファリナー
タはテイクアウトが可能。

### Osteria da Pippo (Villa Pierto da Pippo)
Salita alla Chiesa di Fontanegli, 13, Genova
(GV)
☎010-809-351
HPなし
リグーリア料理の王様といわれるカッポン・マーグロ
や肉詰めのチーマが必食。

### Osteria Magiarge- vini e cucina
Via Dritta, 2, Bordigera(IM)
☎0184-262946
http://www.magiarge.it
インペリア県にあるカッポン・マーグロが食べられる
店。

### Vicolo interno La Spezia
Via della Canonica, 20, La Spezia(SP)
☎0187-150-9698
https://www.facebook.com/vicoloint
herno2.0/
レヴァンテ地方の料理やムール貝の詰め物、ムス
コリ・リピエニが評判の店。

### Ristorante Scola
Via Pennavaire, 166, Castelbianco(SV)
☎0182-77015/6
http://www.scolarist.it
ポネンテ地方の芳香豊かなオリーブオイルを使った
ハーブ料理が味わえる。

## エミリア・ロマーニャ州

### Osteria di Sorbara
Via Ravarino Carpi, 111, Bomporto(MO)
☎059-907372
HPなし
特産物の食肉加工品の大皿とティジェッラが味わ
える店。

### Ristorante Diana
Via Volturno, 5, Bologna(BO)
☎051-231302
https://www.ristorante-diana.it
詰め物パスタの種類が多く、トルテリーニ・イン・ブ
ロードが名物。

### Trattoria Lambertini
Piazza Giuseppe Garibaldi, 5, Pianoro(BO)
☎051-777606
HPなし
豪快なゆでて肉料理、ボリート・ミストが圧巻のボロー
ニャ料理の店。

### Trattoria Entra'
Via Salde Entrà,60 Entra, Emilia(MO)
☎0535-97105
HPなし
パッサテッリ・イン・ブロードが食べられるミシュランガ
イドに載った店。

## ウンブリア州

### Trattoria Pallotta
Piazzale del Comune sotto l'arco della volta
Pinta, Assisi(PG)
☎075-8155273
https://www.trattoriapallotta.it
アッシジの旧市街にあり、鳩料理のピッチョーニ・
アッラ・ギオッタが名物。

### Ristorante camera Vecchia Posta
Piazza Mazzini, 14, Trevi(PG)
☎0742-381-690
http://www.ristorantevecchiaposta.it
トレヴィの旧市街にあり、古のウンブリア料理を現
代風にアレンジした料理。

### Agriturismo Locanda dé Senàri di Salvatori Mariella
Via della bufera, Castelluccio di Norcia
(PG)
☎+39-335-6423131
https://www.agriturismosenari.it
カステッルッチョ村の柔らかいレンズ豆の料理が人
気の店。

### Osteria Rosso di Sera
Via F.lli Papini, 81, San Feliciano(PG)
☎075-847-6277
https://osteriarossodisera.net
トラジメーノ湖の魚の煮込み、テガマッチョが評判
の店。

## プーリア州

### La taverna del duca
Via Papatodero, 3, Locorotondo（BA）
☎080-4313007
http://www.tavernadelducascatigna.it
農家と契約購入している地元野菜の料理と手作りパスタが自慢の店。

### Ristorante Gesù Cristo
Via Cesare Battisti, 10, Taranto（TA）
☎099-477-7253
https://www.gesucristotaranto.it
数種類の新鮮なムール貝、手長海老などを中心とした魚介料理が堪能できる。

### A Casa Tu Martinu
Via Corsica, 95, Taviano（LE）
☎0833-913652
https://www.acasatumartinu.com
三つ星ホテルでチチェリ・エ・トゥリアなどのプーリア料理を出すレストランを併設。

### Agriturismo Masseria Sgarrazza
Contrada San Salvatore, Vieste（FG）Parco Nazionale del Gargano
☎347-7545180
https://www.masseriasgarrazza.it
フリーレンジの肉料理が名物のガルガーノ国立公園のアグリトゥーリスモ。

## サルデーニャ島

### Santa Rughe
Via Carlo Felice, 2, Gavoi（NU）
☎0784-53774
HPなし
ヌーオロ県のガヴォイ村にある羊料理と数種類の羊のチーズが絶品の家族経営の店。

### Zenit
Viale Pula, Villaggio pescatori, Cagliari（CA）
☎070-250009
https://www.ristorantezenit.it
カリアリのラグーナで捕れた鰻や鮫、蟹、その他の鮮魚の郷土料理。

### Sa Domu sarda
Via Sassari, 51, Cagliari（CA）
☎070-653400
https://www.osteriasadomusarda.it
サルデーニャ島独自の地味あふれるパスタ料理やカタツムリ料理がメニューを飾る。

### Il Caminetto
Via Cesare Battisti, 8, Cabras（OR）
☎0783-391139
https://www.ristoranteilcaminettocabras.com
ぼらの産地、カブラスにあるぼら料理とからすみのパスタが人気の店。

### Pani e Casu
Via Eligio Porcu, 53, Quartu Sant'Elena（CA）
☎070-8675032
HPなし
乳飲み仔豚の串焼きがあり、島の食材を網羅した料理が楽しめる老舗店。

# 日本のイタリアンレストランリスト

イタリア郷土料理についてよく研究しているレストランをピックアップ。
本書を読んで「すぐに食べたい！」と思った人は早速レストランに電話してみて！

（エリア：掲載順　店舗名：五十音順　掲載情報は2021年5月時点のものです）

## ラツィオ州

**カーサ ディ カミーノ（Casa di Camino）**
東京都国立市東1-14-22 ハイム114 1F
☎042-505-5561　https://www.camino11.com
ローマのカルボナーラを中心にさまざまなラツィオの料理を提供。

**トゥリオ**
東京都港区南青山7-14-6 南青山TCビル 2F
☎03-6450-5957　HPなし
80年代にローマで修業。小さい店ながらローマを皿の上に表現。

ピエモンテ州の
ベッリチェ渓谷の料理

**クッチーナ イタリアーナ ヨシノ**
神奈川県厚木市旭町1-17-12レジディア本厚木1F
☎046-280-6619　https://italianayoshino.owst.jp
ローマ料理を中心に中部、北部の料理を提供。

ラツィオ州を含む
その他

**リストランテ アルヴェロ（RISTORANTE ALVERO）**
広島県広島市中区東白島町9-10
☎082-511-3100　http://alvero.ciao.jp/
2000年創業。コース料理でイタリアの魅力を伝えるリストランテ。

## ヴェネト州

**リストランテ　ポルコロッソ**
福井県敦賀市本町1-7-35
☎0770-25-4868　HPなし
1984年のオープン以来、今年で37年目を迎えたリストランテ。

ヴェネト州、
ロンバルディア州

**ヴォーロ・コズィ（Volo Cosi）**
東京都文京区白山4-37-22
☎03-5319-3351　https://volocosi.com
一品一品シェフの心遣いを感じる舌をうならす丁寧に作られた逸品を提供。

## トスカーナ州

**アンティーカ・ロカンダ・ミヤモト（antica locanda MIYAMOTO）**
熊本県熊本市中央区新屋敷1-9-15 濫觴ビル102
☎096-342-4469　HPなし
薪で焼いたあか牛を中心に熊本のテロワールを生かした料理を提供。

**オステリア ティアロカ（Osteria TiaLoca）**
静岡県静岡市葵区鷹匠2-13-11 トピア鷹匠103
☎054-266-5495　https://www.osteria-tialoca.com
本場で感じたイタリア料理の本質を曲げず滋味深い料理をワインと共に。

**クリマ ディ トスカーナ**
東京都文京区本郷1-28-32 パークハウス101
☎03−5615−8258　https://www.clima-di-toscana.jp/
店主が愛するトスカーナ地方の料理とワインが味わえるイタリアン。

トスカーナ州を
中心としたイタリア全土

**コンヴィヴィオ（Convivio）**
東京都渋谷区千駄ヶ谷3-17-12 カミムラビル1F
☎03-6434-7907　http://www.convivio.jp
イタリアの伝統料理ベースの独創的な料理はシェフのセンスが光る芸術品。

## カンパーニア州

**パルテノペ恵比寿店（Partenope）**
東京都渋谷区恵比寿1-22-20 恵比寿幸和ビル
☎080-8144-8832　https://partenope.jp/ebisu/
こだわり抜いた真のナポリピッツァと味わい深い南イタリアの郷土料理。

## シチリア島

**イルドゥオーモ（ill Duomo）**
鹿児島県鹿児島市東千石町8-2
☎099-210-7728　https://www.illduomo.com
シチリアの調理法や調味料を使いシチリア料理がベースの料理を提供。

**クチーナ マサノリ（Cucina Masanoli）**
長野県松本市中央2-10-17 北1F
☎0263-87-3481　https://cucina-masanoli.com
修業時代のシチリアで知った郷土料理の暖かさ、背景の奥深さを提供。

**シチリア料理リカータ**
京都府京都市下京区泉正寺町466 日宝京都2号館 101
☎075-286-9252　http://www.kyoto-licata.com
京都では唯一のシチリア料理専門店。

**トラットリアシチリアーナ・ドンチッチョ（Trattoria siciliana Don Ciccio）**
東京都渋谷区渋谷2-3-6
☎03-3498-1828　HPなし
東京のシチリア料理店の草分け的存在。ワインもすべてシチリア産。

シチリア島、プーリア州

**ピノサリーチェ**
東京都渋谷区鶯谷町15-10 ロイヤルパレス渋谷102
☎03-3496-3555　https://pinosalice.com
シチリアのリストランテ、プーリアの家庭料理の店で修業。

## ピエモンテ州

**イ・ボローニャ**
和歌山県和歌山市十番丁19番地 wajima十番丁ビル5F
☎073-422-8228　https://www.shokutsuna.jp/store/ibologna
心に響くイタリア料理を楽しめる本場のピエモンテ料理を提供。

| ピエモンテ州の<br>ペッリチェ渓谷の料理 | **フィオッキ**<br>東京都世田谷区祖師谷3-4-9<br>☎03-3789-3355　https://www.fiocchi-web.com<br>ペッリチェ渓谷のヴァルド派の郷土料理をコースに織り交ぜ提供。 |
|---|---|
| ピエモンテ州、<br>ロンバルディア州 | **タンタローバ（Tanta Roba）**<br>東京都文京区小石川4-18-7<br>☎03-3815-1122　http://www.tantaroba.jp<br>地元の方に愛されて続けているイタリア郷土料理のレストラン。 |

## プーリア州

| | **リストランテ コルテジーア（Ristorante Cortesia）**<br>東京都港区南青山5-4-24 ALACROCEB1<br>☎03-5468-6481　https://www.r-cortesia.com<br>素材を生かした、南青山のシンプルプーリアレストラン。 |
|---|---|

## その他

| マルケ州 | **ペッシェ アズーロ～青い魚～（PESCE AZZURRO）**<br>千葉県茂原市町保4-86<br>☎0475-26-4120　https://pesce-azzurro.net<br>千葉県の外房食材を使い料理を提供、とくに伊勢海老がおすすめ。 |
|---|---|
| マルケ州 | **ラ カンティーナ ダ ターキ**<br>三重県松阪市中央町621-3<br>☎0598-51-3367　http://lacantinadataki.com<br>マルケ州ペーザロ出身の奥さん監修の小さな家庭的なお店。 |
| 南イタリア料理 | **アンティカトラットリアチーボ（ANTICA TRATTORIA CIBO）**<br>東京都目黒区自由が丘1-26-8 キクモトビル2F<br>☎03-6421-1620　https://trattoriacibo.jimdofree.com<br>小田原から直送された魚介類や野菜を使った南イタリアの郷土料理。 |
| 北イタリア料理 | **トルッキオ（TORUchio）**<br>東京都千代田区九段南2-1-32 第3青葉ビルB1<br>☎03-3556-0525　https://www.toruchio.company<br>ミシュランに選ばれたオーナーシェフの北イタリア料理。パスタは芸術品。 |

## その他

| トレンティーノ・<br>アルトアディジェ<br>特別自治州 | **cucina tirolese 三輪亭 per famiglie**<br>東京都世田谷区豪徳寺1-13-15 ツノダ第1ビル1F<br>☎03-3428-0522　http://www.miwatei.com<br>普通の「イタリアン」とはちょっと違うお料理の数々が自慢。 |
|---|---|
| 州には特化していない | **インカント（incanto）**<br>東京都港区南麻布4-12-2 ピュアーレ広尾2F<br>☎03-3473-0567　https://incanto.jp<br>洗練された全州の郷土料理を40種類のグラスワインと合わせて。 |

| | | |
|---|---|---|
| 州には特化していない | **エノテカ エ クチーナ レフレッチェ（Enoteca e Cucina LE FRECCE ）**<br>東京都目黒区自由が丘2-14-9 The Gold Coast自由が丘1F<br>☎03-6421-3155　https://hitosara.com/0006081965/<br>吟味された食材と確かな技術で作り上げるイタリア現地の味。 | |
| 州には特化していない | **クチーナヴェリタス（Cucina veritas）**<br>鹿児島県鹿児島市山田町2953-6<br>☎099-811-4377　http://veritaitalia.wixsite.com/mysite<br>ピエモンテ州、サルデーニャ島などメインベースに料理を提供。 | |
| 州には特化していない | **グラッポロ銀座（Grappolo）**<br>東京都中央区銀座6-7-19 ミクニ銀座ビル5F<br>☎03-6274-6728　http://grappolo.jp<br>和の空間で厳選された素材を楽しむ洗練されたイタリア全土の郷土料理。 | |
| 州には特化していない | **タベルナ アイ（taverna-i）**<br>東京都文京区関口3-18-4<br>☎03-6912-0780　http://taverna-i.net<br>こだわり食材を全国各地から取り寄せた、気軽に食べられるイタリアン。 | |
| 州には特化していない | **トラットリア　ロッカフォルテ熊本**<br>熊本県熊本市中央区草葉町4-10 エトワール草葉101<br>☎096-342-5534　http://roccaforte-kumamoto.com<br>熊本産の多様で新鮮な食材をイタリア郷土料理へと展開。 | |
| 州には特化していない | **ブォンサポーレ（Buon sapore）**<br>埼玉県さいたま市南区南浦和2-17-8<br>☎048-884-5568　http://www.buonsapore.sakura.ne.jp<br>ワイン会やお客様のリクエストで、郷土色を出した料理を提供。 | |
| 州には特化していない | **フォンテ・ディ・ディーオ**<br>埼玉県児玉郡神川町八日市2559-1　グランドメゾンR-1F<br>☎0495-77-1169　https://www.fontedidio.net<br>「白いミートソース」と「サーロインステーキ」が人気。 | |
| 州には特化していない | **ラ・コメータ（LA COMETA）**<br>東京都港区麻布十番1-7-2 エスポワール麻布2F<br>☎03-3470-5105　https://www.cometa.jp<br>イタリアで8年修業したオーナーシェフが熟練の腕をふるう本場の味。 | |
| 州には特化していない | **ラ・ビスボッチャ（ LA BISBOCCIA）**<br>東京都渋谷区恵比寿2-36-13 広尾MTRビル1F<br>☎03-3449-1470　https://labisboccia.tokyo<br>まるでイタリアにいるかのような店内と料理。Tボーンステーキは圧巻。 | |

日本のイタリアンレストランリスト

## 【参考文献】

『古代ローマの食卓』　パトリック・ファース（著）　東洋書林

『イタリアの地方料理―北から南まで 20州280品の料理』　柴田書店

『メディチ家の人びと―ルネサンスの栄光と頽廃』　中田耕治（著）　河出書房新社

『物語イタリアの歴史―解体から統一まで』　藤沢道郎（著）　中央公論新社

『ヴェネツィア―美の都の一千年』　宮下規久朗（著）　岩波書店

『Note di cucina di Leonardo da vinci』Shelagh Routh（著）　その他　Voland

『Leonardo da Vinci e la CUCINA RINASCIMENTALE 』
Sandro Masci（著）　GREMESE EDITORE

『LA CUCINA SARDA in oltre 450 ricette』
Alessandro Molinari Pradelli（著）　Newton Compton Editori

『Guida ai Formaggi d'Italia』
Roberto Rubino, Piero Sardo, Angelo Surrusca（監修）　Slow Food Editore

『Osterie d'Italia2021』Marco Bolasco, Eugenio Signoroni（監修）　Slow Food Editore

『LA SICILIA IN CUCINA』Anna Tasca Lanza（著）　Mondadori Editore

『Sapori di SICILIA 』Mariapaola Dèttore（著）　Idea libri

『CUCINA REGIONALE』Grazia Novellini（監修）　Slow Food Editore

『LA CUCINA ROMANA E DEL LAZIO』Livio Jannattoni（著）　Newton Compton Editore

『ITALIA in Cucina』Ilaria Stradiotti（監修）　Demetra

『L'Italia della Pasta』Cristina Ortolani（著）　Touring Club Italiano

『Dizionario delle Cucina Regionali Italiane』
Antonio Attore, Eliza Azzimondi（著）　その他　Slow Food Editore

『Grande Enciclopedia della Gastronomia』Marco Guarnaschelli Gotti（著）　Mondadori Editore

『Salumi d'Italia』Slow Food Editore

『L'aceto』Giunti Demetra

『L'Italia dei Dolci』Valter Bordo, Angelo Surrasca（監修）　Slow Food Editore

『La Liguria in 100 prodotti』Andrea Carpi, Fulvio Santorelli（著）　redazione

『Il Salto dell'acciuga』Nico Orengo（著）　Einaudi

『Pasta　d'Autore』AGRA Editrice

『Il Cucchiaio d'Argento. Cucina Regionale』Clelia d'Onofrio（著）　その他　Editoriale Domus

『Tecnologia dell'Aceto di vino, balsamico e di mele』EDIZIONI DEL BALDO

デザイン　　　三橋理恵子（Quomodo Design）
校正　　　　　平入福恵

# 保存版 イタリア郷土料理　美味紀行

2021年7月20日　第1刷発行

著　者　　平松玲
発行者　　鈴木章一
発行所　　株式会社　講談社
　　　　　〒112-8001　東京都文京区音羽2-12-21
　　　　　販売　TEL03-5395-3606
　　　　　業務　TEL03-5395-3615
編　集　　株式会社　講談社エディトリアル
　　　　　代表　堺　公江
　　　　　〒112-0013　東京都文京区音羽1-17-18　護国寺SIAビル6F
　　　　　編集部　TEL03-5319-2171
印刷所　　半七写真印刷工業株式会社
製本所　　大口製本印刷株式会社

©Rei Hiramatsu 2021, Printed in Japan
ISBN978-4-06-524173-8